LES LOUSTICS

2

A1.1

Hugues Denisot — Marianne Capouet

FRANÇAIS LANGUE ÉTRANGÈRE

À Poucette

Remerciements :
La participation et l'implication des enseignants à nos projets est une aide précieuse et indispensable.
Nous remercions donc chaleureusement tous les professeurs de FLE et leurs élèves
qui ont partagé leurs expériences et leurs avis constructifs en Belgique, France, Espagne, Mexique,
Liban, Maroc, Égypte, États-Unis, Canada et Australie.

Un grand merci aux enfants qui ont posé pour les photos :
Camille (p. 2), Cole (p. 3, 29), Kiwa (p. 3, 35, 95), Lily (p. 2, 8, 33, 93, 95),
Maimouna (p. 2, 20, 21), Mason (p. 2, 8, 34), Mathilde (p. 3, 90, 92),
Nino et Tom (p. 91), Pablo (p. 3), Ward (p. 2, 11) et Zachary (p. 3).

Conception graphique de la couverture : Christophe Roger
Conception graphique et mise en pages : Sylvaine Collart
Illustrations : Florence Langlois p. 3 à 78
Hélène Convert : p. 6 (3), 24 (3), 26 (3), 27 (3), 64, 66
Marie Margo : p. 79 à 88
Photos : © iStockphoto.com
© Le bar Floréal, Mara Mazzanti : p. 2, 3, 8, 9, 20, 21, 29, 33 (C), 34 (A), 35, 90, 92, 93, 95
Secrétariat d'édition : Le souffleur de mots, Françoise Malvezin

ISBN : 978-2-01-705360-6

© Hachette Livre 2022
58 rue Jean Bleuzen, CS 70007, 92178 Vanves Cedex, France

http://www.hachettefle.fr

Achevé d'imprimé en octobre 2024 en Espagne par GRAFO - Dépôt légal : février 2019 - Édition 09 - 41/3108/0

Tous droits de traduction, de reproduction et d'adaptation réservés pour tous pays. Le code de la propriété intellectuelle n'autorisant, aux termes des articles L.122-4 et L.122-5, d'une part, que « les copies ou reproductions strictement réservées à l'usage privé du copiste et non destinées à une utilisation collective » et, d'autre part, que les « analyses et les courtes citations » dans un but d'exemple et d'illustration, « toute représentation ou reproduction intégrale ou partielle, faite sans le consentement de l'auteur ou de ses ayants droit ou ayants cause, est illicite ». Cette représentation ou reproduction, par quelque procédé que ce soit, sans autorisation de l'éditeur ou du Centre français de l'exploitation du droit de copie (20, rue des Grands-Augustins, 75006 Paris), constituerait donc une contrefaçon sanctionnée par les articles 425 et suivants du Code pénal.

Les symboles

Regarde et écoute ton professeur.

- De la page 4 à la page 21, les pistes audio sont disponibles sur le CD 2 du coffret.
- De la page 22 à la page 88, les pistes audio sont disponibles sur le CD 3 du coffret.

Leçon 1 — Comment est ton visage ?

1   Écoute et dis qui parle.

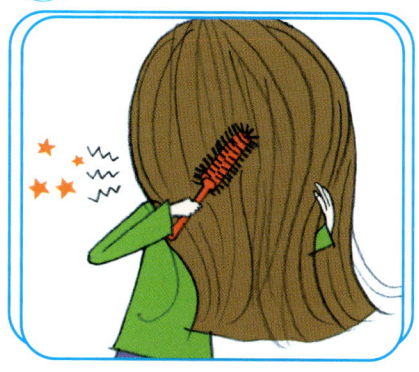 

2   Écoute et réponds.

3 Comment est Bastien ?

  a. Regarde la grande image et écoute.

  b. Écoute, réponds vrai ou faux et corrige si nécessaire.

J'ai un nez, une bouche, deux yeux, deux oreilles et des cheveux.

Unité 4

Tu peux te décrire ?

Écoute la poésie « Qui a un chapeau ? ». Répète et montre.

Écoute et montre.

Écoute et trouve la bonne personne.

J'ai des cheveux blonds/bruns/roux. J'ai des lunettes/ un chapeau. Je n'ai pas de boucles d'oreilles/de moustache.

Tu te sens comment aujourd'hui ?

1

Écoute, regarde et mime.

2

Comment ils se sentent ? Écoute et réponds.

3 Réponds : « Et toi, tu te sens comment aujourd'hui ? »

Je n'ai pas peur. Je ne suis pas triste/fâché/fatigué/malade.
Je suis content.

Unité 4

Leçon 4

Tu bouges ?

1

Écoute la chanson « Tête, épaules et genoux pieds ». Chante et mime.

2

Écoute et mime.

3

Écoute, montre et dis ce qu'il fait.

Je mets mes mains en avant, je tourne ma tête/mes pieds.
Je plie mes jambes et je saute.

Tu as mal où ?

1 Regarde la BD et écoute.

2 Écoute et répète dans ta tête.

3 Écoute et répète à voix haute avec le ton.

4 Lis la BD à voix haute, apprends ton rôle et joue la scène.

Je n'ai pas mal à la tête. J'ai mal au doigt.

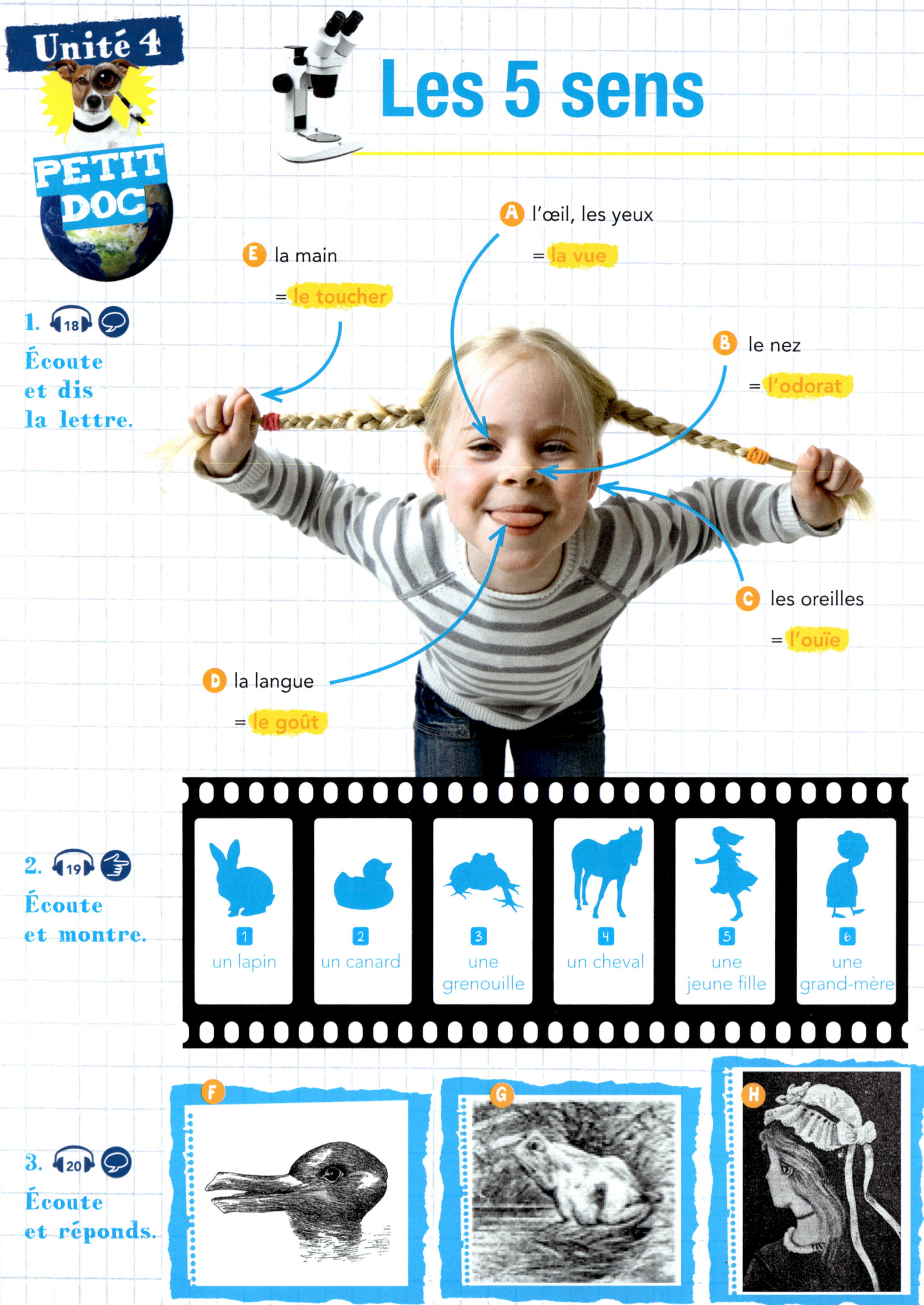

Unité 4 Projet

Le pantin d'Aïcha

1 🎧 Écoute Aïcha.

2 Toi aussi, fabrique un pantin !

1. Dessine et colorie le visage de ton pantin.

2. Découpe les parties du corps de ton pantin.

3. Assemble les parties du corps de ton pantin.

4. Colorie ton pantin.

Leçon 1 — Tu as tout pour pique-niquer ?

1. 🎧 👉 Écoute et montre.

2. 🎧 💬 👉 Écoute, répète et montre.

3. 🎧 👉 Écoute et montre sur la grande image.

4. Qui veut manger quoi ?

 👁 🎧 a. Regarde la grande image et écoute.

 🎧 💬 b. Écoute, réponds vrai ou faux et corrige si nécessaire.

J'ai tout : un couteau, une fourchette, une cuillère, une assiette et un verre.

Unité 5

Leçon 2

Tu aimes les fruits ?

1 Écoute la chanson « Pomme , pêche , poire , abricot » et chante.

2 Écoute, répète et dis le numéro.

3 Regarde, écoute et joue à « salade de fruits ».

Oui, j'aime les fruits : les pommes, les pêches, les poires et les abricots.

Leçon 3

Tu as soif ?
Qu'est-ce que tu veux boire ?

1 🎧 33 👉 Écoute et montre.

2 Qu'est-ce qu'ils veulent boire ?
🎧 34 a. Écoute le dialogue.
🎧 35 💬 b. Écoute et réponds.

3 🎧 36 💬 Écoute et choisis.

J'ai soif. Je voudrais boire : de l'eau/un jus d'orange/du lait froid/un chocolat chaud.

Unité 5

Tu as faim ?
Qu'est-ce que tu veux manger ?

1

Regarde, écoute et montre.

2

Écoute et trouve l'intrus.

3

Écoute la poésie « Bon appétit » et récite.

	Lundi	Mardi	Mercredi	Jeudi	Vendredi
	PLAT	PLAT		PLAT	PLAT

	de la viande			du poulet	du poisson
	avec			avec	avec
					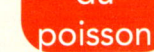
	des pommes de terre	des pâtes		des frites	du riz
	et			et	et

	des carottes			de la salade	des tomates
	DESSERT	DESSERT		DESSERT	DESSERT

	un yaourt	un fruit		une glace	un morceau de gâteau au chocolat

J'ai faim. Je voudrais manger : de la viande/du poisson/des pâtes/du riz/des frites/un dessert.

Leçon 5

Tu préfères le salé ou le sucré ?

1

Écoute et réponds : « Qui est-ce ? »

2

Écoute et réponds avec « un peu », « beaucoup » ou « pas du tout ».

3

Regarde, écoute et réponds.

A  des bonbons	B  des gâteaux	C  des frites	D  du pop-corn
E  des glaces	F  des pâtes	G  du coca	H  des chips

Je préfère le sucré. Je n'aime pas le salé.
un peu – beaucoup – pas du tout/sans

Unité 5 — PETIT DOC

Recette
Le gâteau au fromage blanc et aux fruits de Maty

POUR 8 ENFANTS

Ingrédients

- 300 g de fromage blanc
- 3 sachets de sucre vanillé
- 36 biscuits à la cuillère
- 1 grande boîte de pêches au sirop
- 3 pommes
- 3 oranges
- 3 bananes

Matériel

- 1 couteau
- 1 grande cuillère
- 1 grand saladier
- 1 assiette
- 1 plat rond

1 • Couper les fruits en dés.

2 • Mélanger les fruits, le fromage blanc et le sucre vanillé dans un grand saladier.

3 • Tremper les biscuits dans le sirop de pêche.

4 • Mettre les biscuits dans le plat.

5 • Verser un peu du mélange fromage et fruits.

6 • Mettre encore des biscuits.

7 • Verser encore un peu du mélange fromage et fruits.

8 • Ajouter des pêches.

9 • Mettre au frigo 3 heures.

1. 🎧 43 💬 Écoute et réponds.

2. 👁 💬 Regarde et nomme les fruits.

3. 🎧 44 💬 Écoute la recette et dis les mots que tu connais.

Unité 5 — Projet

Le gâteau au fromage blanc et aux fruits de Maty

« Bon appétit! »

1.  Écoute Maty.

2. Fais le gâteau ou présente une autre recette !

1. Coupe les fruits.

2. Mélange les fruits, le fromage blanc et le sucre vanillé dans un grand saladier.

3 et 4. Mets les biscuits dans le plat.

5, 6 et 7. Verse encore un peu du mélange fromage et fruits.

8. Ajoute des pêches.

9. Mets ton gâteau au frigo 3 heures.

Leçon 1 — Qu'est-ce que tu fais ?

1. 🎧 👆 Écoute et montre les vêtements de Léo.

2. 🎧 💬 Écoute et réponds.

3. 🎧 🎤 Écoute la chanson « Promenons-nous dans les bois ». Chante et joue.

4. 👁 🎧 💬 Regarde la grande image, écoute et parle.

Je mets mon pantalon, mon tee-shirt, mes chaussettes, mes baskets, ma veste et ma casquette.

Unité 6

Quel temps fait-il ?

1    Écoute, montre et répète.

2

Écoute et réponds.

3

Écoute la poésie « Plic Ploc » et répète.

Il y a du soleil. Il y a du vent. Il pleut. Il y a de l'orage. Il neige.

Leçon 3

Qu'est-ce qu'elle fait ?

1. Regarde et écoute.

2. Écoute, regarde et réponds.

3. Écoute, lis et répète.

4. Lis, apprends ton rôle et joue.

— Ouh, ouh… Maggie ! Tu m'entends ? Tu es où ?
— Je suis dans la salle de bains.
— Qu'est-ce que tu fais ?
— J'enlève mon pyjama.

— Maggie, qu'est-ce que tu fais ?
— Je mets ma chemise.

— Maggie, qu'est-ce que tu fais ?
— Je mets ma robe.

— Maggie, qu'est-ce que tu fais ?
— Je mets mon pull.

— Maggie, qu'est-ce que tu fais ?
— Je mets mes chaussures.

— Maggie, qu'est-ce que tu fais ?
— Je mets ma jupe.
— Tu mets ta jupe ?

— Oh, Maggie, comme tu es belle !
— Chut ! Mon bébé dort !

Elle enlève son pyjama. Elle met sa chemise, sa robe, sa jupe, son pull et ses chaussures.

Unité 6

Leçon 4

Tu voyages comment ?

1 🎧 13 💬
Écoute et dis la lettre.

2 🎧 14 💬
Écoute et réponds.

3 🎧 15 💬 🤸
Écoute, complète et mime.

Je voyage à pied, à vélo, en voiture, en train, en bateau, en avion.

Leçon 5

Tu aimes les fêtes foraines ?

1 Écoute et montre.

2 Qu'est-ce qu'ils disent ?
a. Regarde et écoute.
b. Écoute et réponds.

3 Écoute la chanson « Le carrousel » et chante.

Oui, j'aime les fêtes foraines. J'aime le carrousel avec sa fusée, sa moto, son camion, son ballon, son bus, son vélo.

Unité 6 — PETIT DOC

LA CARTE MÉTÉO DE LA FRANCE

Météo
- neige
- nuage
- pluie
- vent
- soleil

1. Écoute, regarde et réponds.

2. Écoute, regarde et réponds.

3. Écoute et dis les erreurs.

LILLE 20°C

PARIS 15°C

NANTES 21°C

LIMOGES 15°C

BORDEAUX 22°C

BRIANÇON 4°C

CANNES 25°C

FONT-ROMEU 3°C

4. Présente la météo de ton pays.

Unité 6 — Projet
Le carrousel de William

1 🎧 Écoute William.

2 Toi aussi, fabrique et présente ton carrousel !

1. Décore ta boîte de fromage.

2. Mets de la pâte à modeler dans ta boîte.

3. Plante un crayon dans ta boîte.

4. Colorie, découpe et colle le rond.

5. Ajoute 6 moyens de transport et Alice ou Léo.

6. Souffle sur ton carrousel. Il tourne ?

Remue-méninges

 Tu réponds, tu récites ou tu chantes.

 Tu poses la question à un ami.

Tu mimes devant tes amis.

Tu écoutes l'oie.

DÉPART

1 Comment il s'appelle ?

2 4

18 Elle a mal où ?

19 Passe un tour !

20 Mets la table !

17 Tu as peur.

29 Compte jusqu'à 29.

28 Recule de 3 cases !

27 Décris tes vêtements.

16 Chante « Tête, épaules et genoux pieds ».

15

14 Avance de 4 cases !

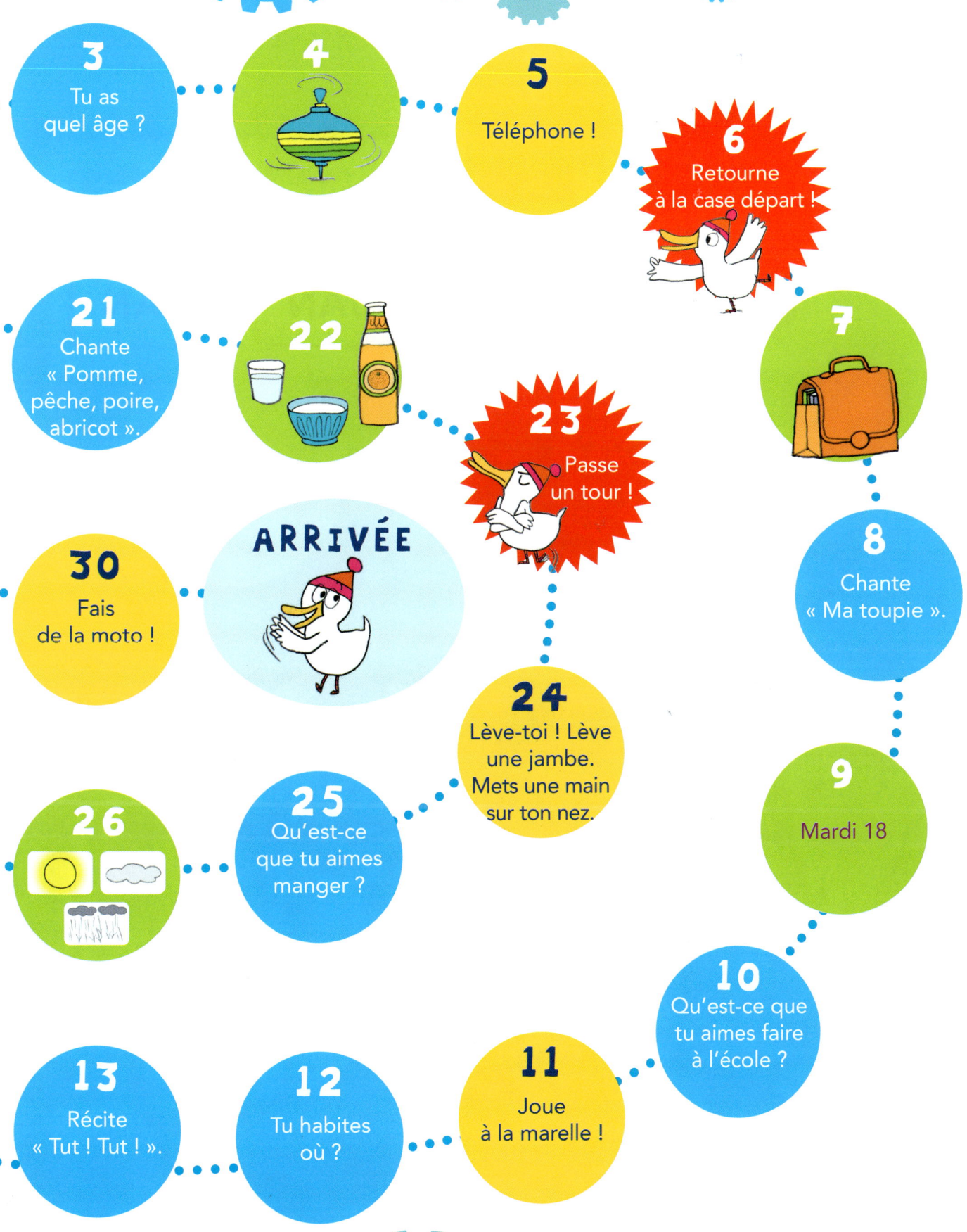

LE NOUVEL AN

Faites la FÊTE !

1.  Regarde et montre les dates du Nouvel An.

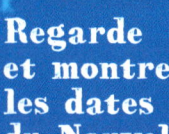    

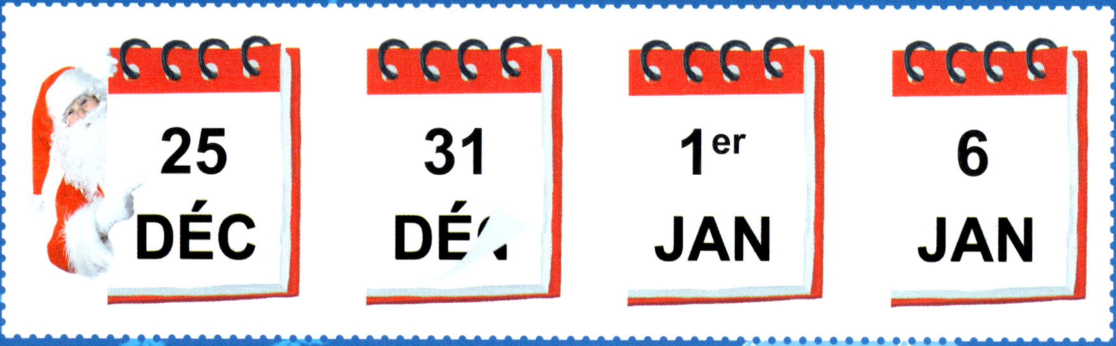

25 DÉC | 31 DÉC | 1er JAN | 6 JAN

2.  Écoute et montre la bonne photo.

A

3. Écoute la chanson « Vive le vent » et chante.

4. Fabrique une carte de vœux.

Faites la FÊTE !
LE POISSON D'AVRIL

1. 🎧 👉 Écoute et montre la bonne photo.

A

B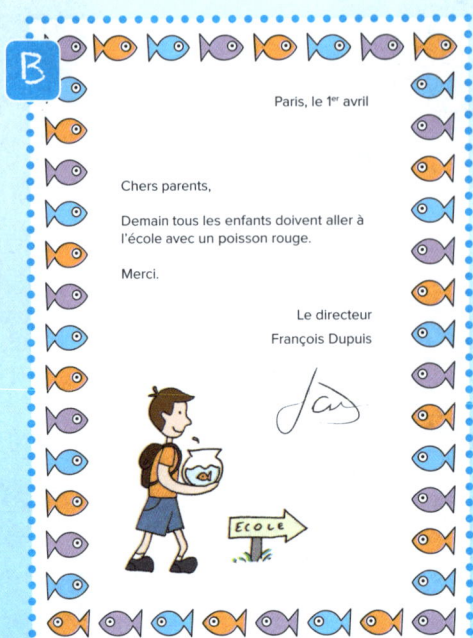

C

2. 🎧 💃 🎤 Écoute la chanson « Dans ton dos ».
Mime et apprends la chanson.

3. Fais ton poisson en origami et colle-le sur le dos de quelqu'un.

1. Plie la feuille en 2 pour faire les plis. Déplie et plie pour faire 2 triangles.

2. Plie pour faire 2 triangles vers le bas.

3. Plie le dessus.

4. Relève le triangle blanc qui est de l'autre côte de la forme.

5. Plie l'autre côte.

6. Relève le triangle blanc qui est de l'autre côte de la forme.

7. Plie le carré blanc pour en faire un triangle.

8. Retourne la forme et découvre ton poisson.

4. 💬 Imagine avec ta classe un poisson d'avril pour tes parents.

L'abécédaire d'Alice

Mon abécédaire

A	B	C	D	E
F	G	H	I	J
K	L	M	N	O
P	Q	R	S	T
U	V	W	X	Y
		Z		

MON DICTIONNAIRE

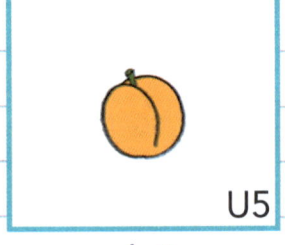 U5
un abricot

 U6
un avion

 U4
une barbe

 U6
un bateau

 U5
un bonbon

 U4
une bouche

 U6
un bus

 U4
un chapeau

 U6
une chaussette

 U6
une chaussure

 U6
une chemise

 U4
des cheveux

content (être)

de l'eau

des frites

un fromage

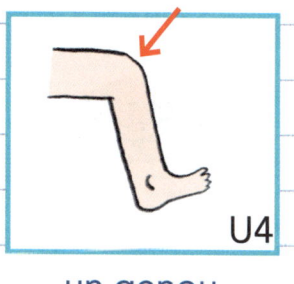
un genou

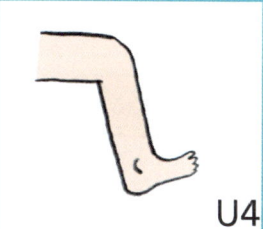
une glace

une jambe

une jupe

un kiwi

des lunettes

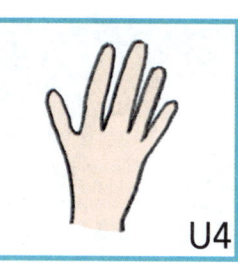
une main

une moustache

MON DICTIONNAIRE

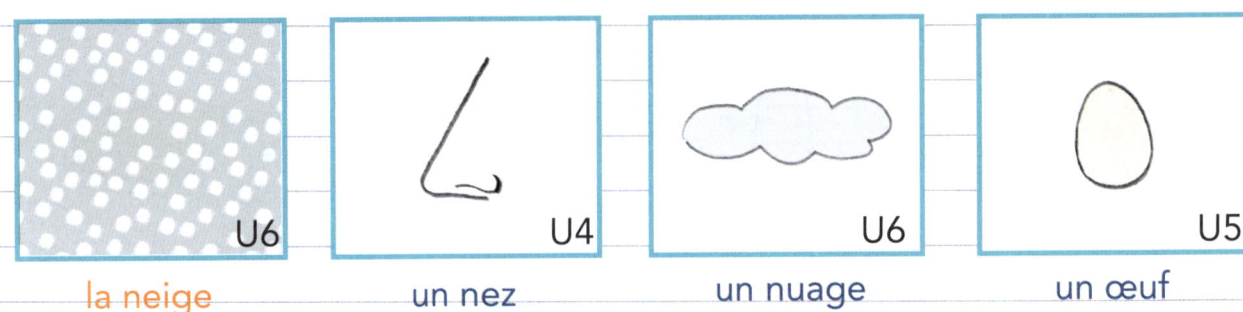

| la neige U6 | un nez U4 | un nuage U6 | un œuf U5 |

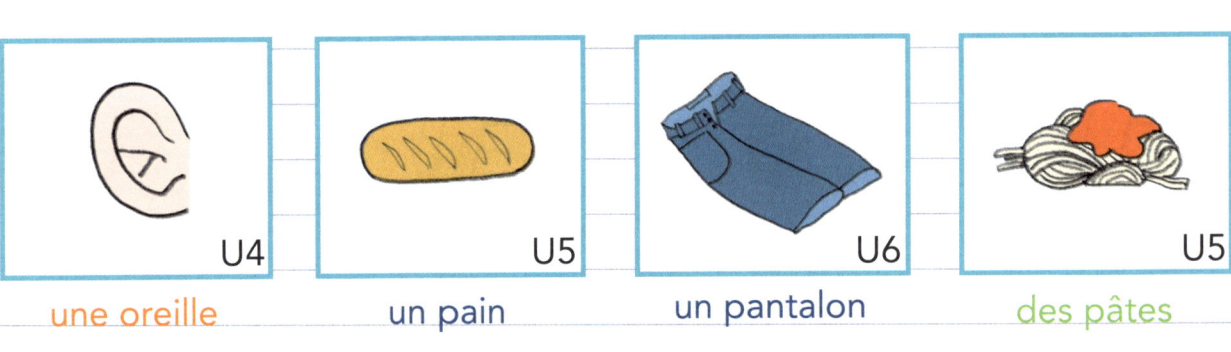

une oreille U4 — un pain U5 — un pantalon U6 — des pâtes U5

une pêche U5 — peur (avoir) U4 — un pied U4 — une poire U5

 U5 — une pomme

 U5 — un poulet

 U6 — un pull

 U6 — une robe

 U5 — une salade

 U6 — le soleil

 U6 — un tee-shirt

 U5 — une tomate

 U6 — un train

 U4 — triste (être)

 U6 — un vélo

 U6 — le vent

 U6 — une veste

 U5 — de la viande

 U5 — un yaourt

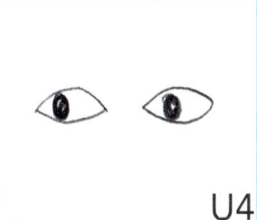 U4 — des yeux

Unité 4 : En forme ? — Leçon 1

Comment est ton visage ?

1 Écoute, relie et colorie.

1. un œil vert
2. un nez rouge
3. des cheveux noirs
4. des yeux bleus
5. des oreilles roses
6. une bouche violette

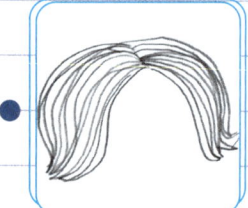
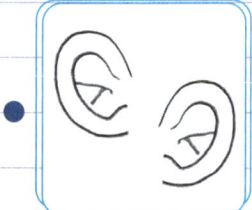
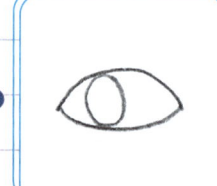
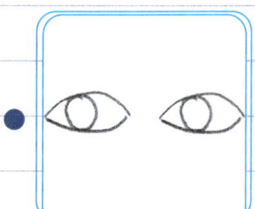

2 Lis et entoure l'intrus.
1. un nez – une bouche – des cheveux – un crayon – un œil
2. mon père – ma mère – mes yeux – ma sœur – mon frère
3. lundi – oreilles – mercredi – jeudi – vendredi
4. la cuisine – le salon – la salle de bains – le nez – le jardin

3 **a. Lis et complète le visage de Bastienne la Martienne avec les autocollants page A.**

Bastienne la Martienne a un œil bleu, deux yeux verts, deux oreilles roses, une bouche rouge, des cheveux verts, un nez bleu et un visage orange.

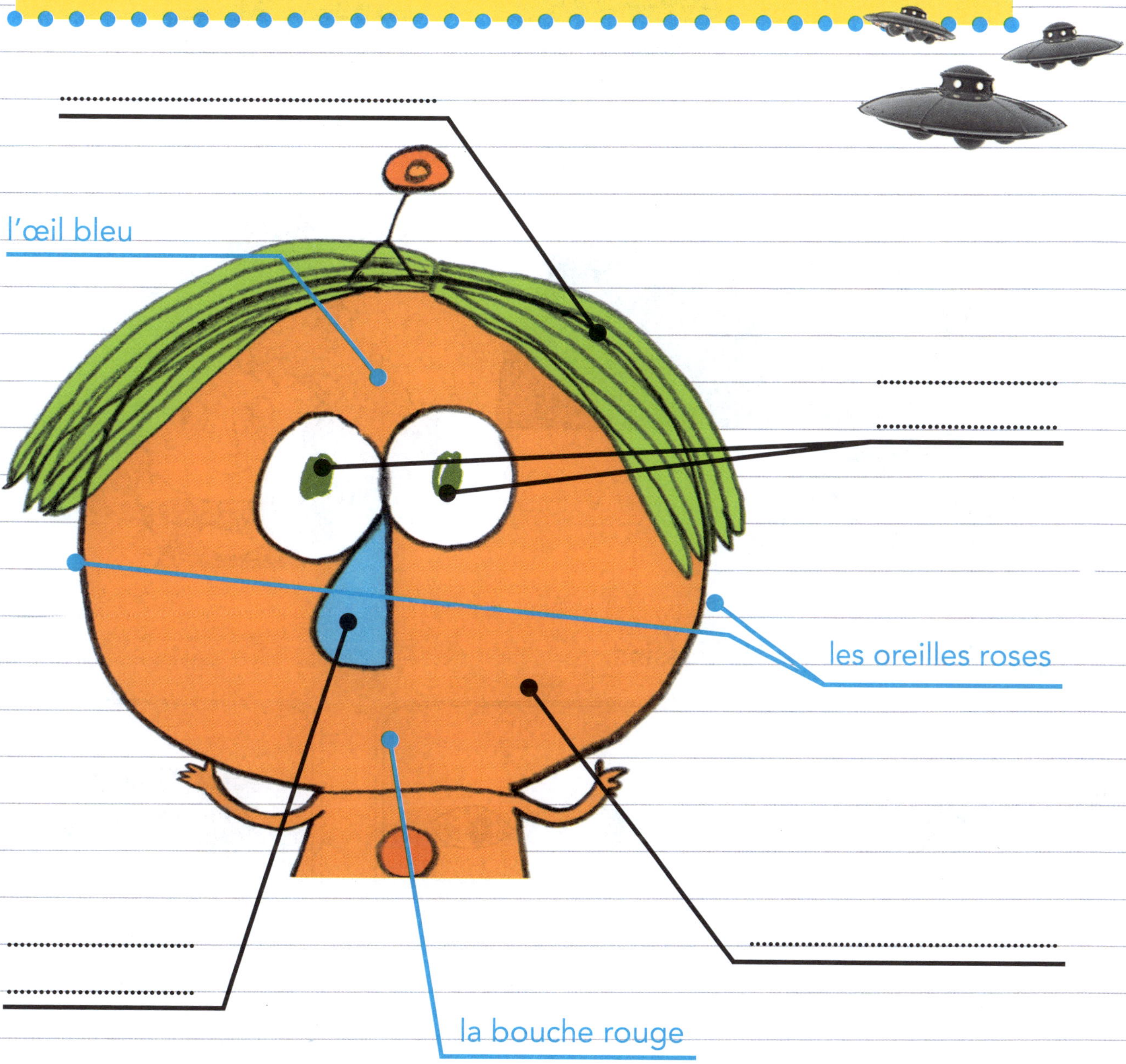

l'œil bleu

les oreilles roses

la bouche rouge

b. Écris les mots au bon endroit.

les cheveux verts   les yeux verts

le nez bleu   le visage orange

43

Unité 4 · Leçon 2 — Tu peux te décrire ?

1 Écoute et coche.

2 Lis et complète les dessins.

une boucle d'oreille

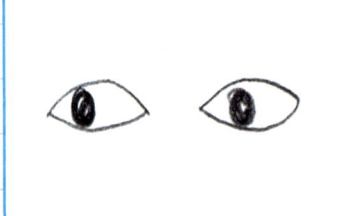
des lunettes

un chapeau

un nez rouge

Elle a des cheveux blonds.

Il a des cheveux roux.

a. Lis et trouve la bonne personne.

1. Il ou elle a un chapeau.
   Ses cheveux ne sont pas blonds.
   Il a une moustache brune.
   Qui est-ce ?
   C'est ....

2. C'est une fille.
   Elle a des boucles d'oreilles.
   Elle n'a pas de chapeau.
   Qui est-ce ?
   C'est ....

b. Complète la présentation de Manon.

blonds – bruns – roux – chapeau –
boucles d'oreilles – lunettes

1. Elle a des ....
2. Elle n'a pas de ....
3. Elle a un ....
4. Ses cheveux sont ....

Unité 4 — Leçon 3 : Tu te sens comment aujourd'hui ?

1. Écoute et écris le numéro.

 Joue avec tes autocollants

2. a. Lis le texte et trouve le bon autocollant page A.

Maggie est triste. Sa tortue est malade.

Léo est content. Son chien n'est pas fatigué. Il court.

Grand-père Pierre est fâché. Le chat d'Alice fait peur à sa souris blanche.

b. Regarde le labyrinthe et complète : Ils se sentent comment aujourd'hui ?

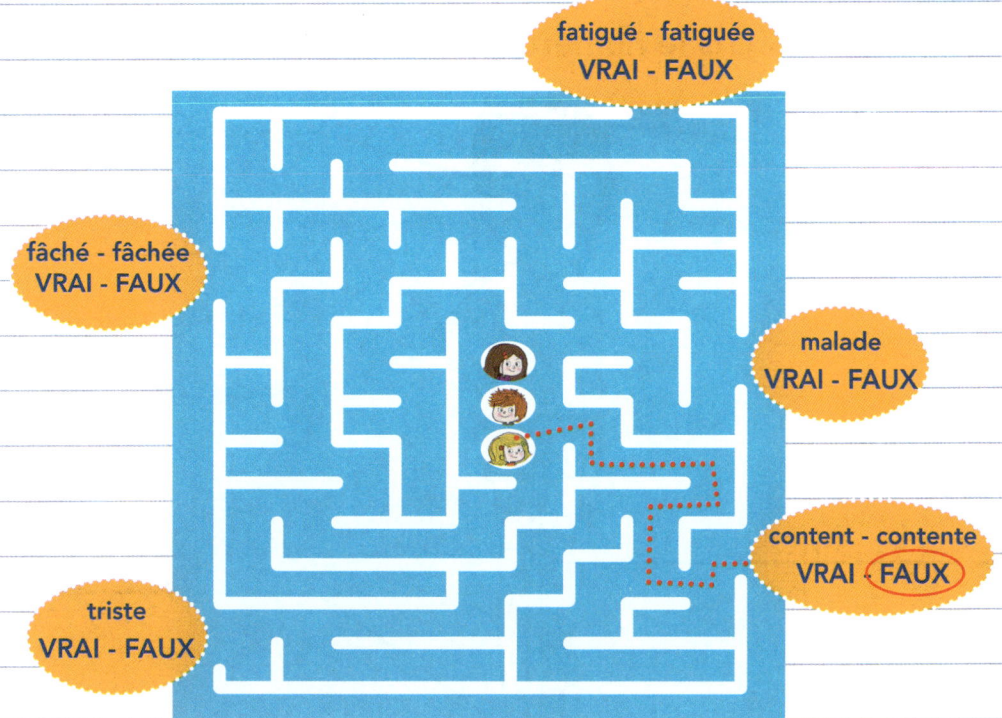

Aujourd'hui, Maggie n'est pas contente. Elle est triste.
Aujourd'hui, Léo ....
Aujourd'hui, grand-père Pierre ....

c. Choisis un chemin du labyrinthe et complète :
   Tu te sens comment aujourd'hui ?

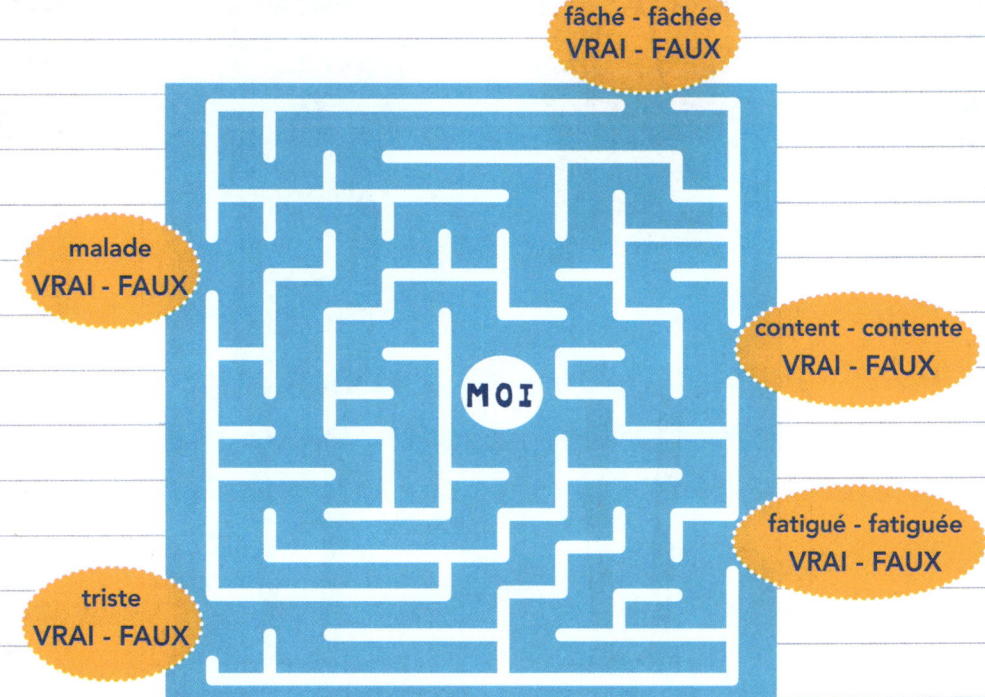

Aujourd'hui, je ....

Unité 4 • Leçon 4   Tu bouges ?

1 🎧 56 Écoute et écris le numéro.

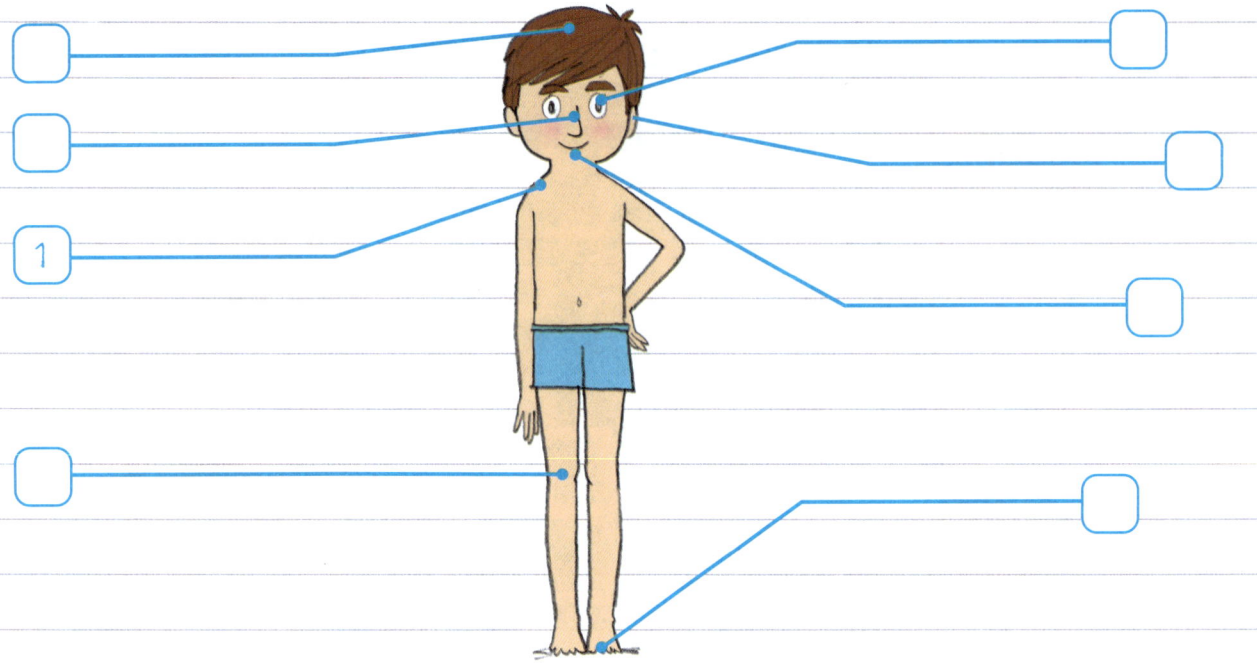

2 🎧 57 Écoute et complète les dessins.

a. Regarde le mot croisé et numérote le dessin.

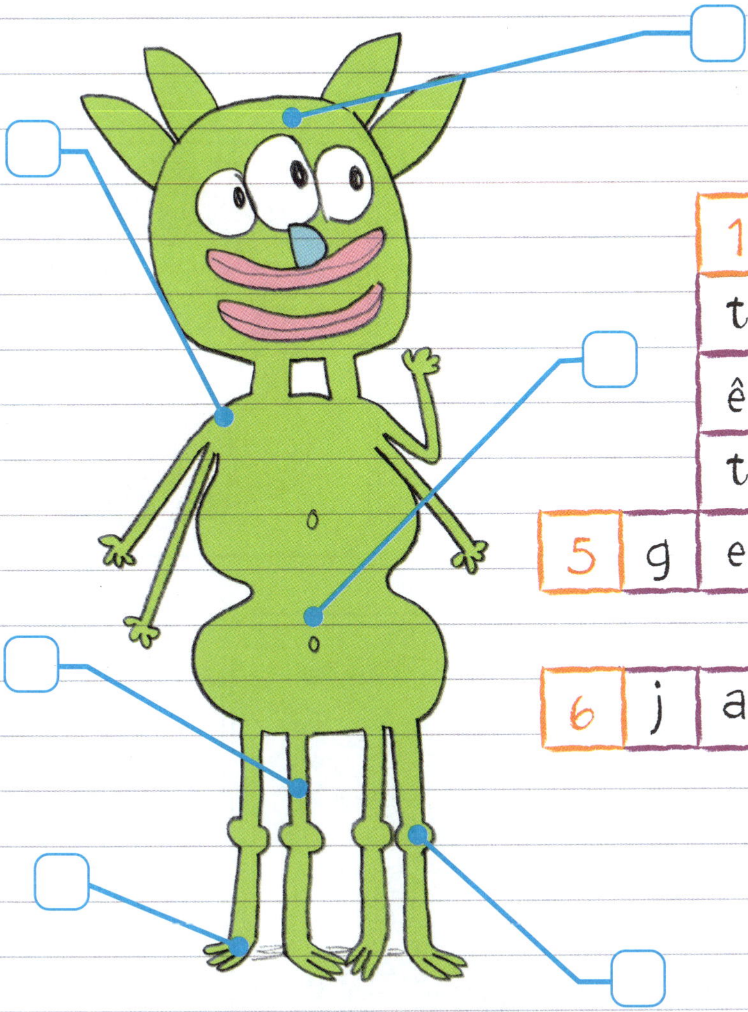

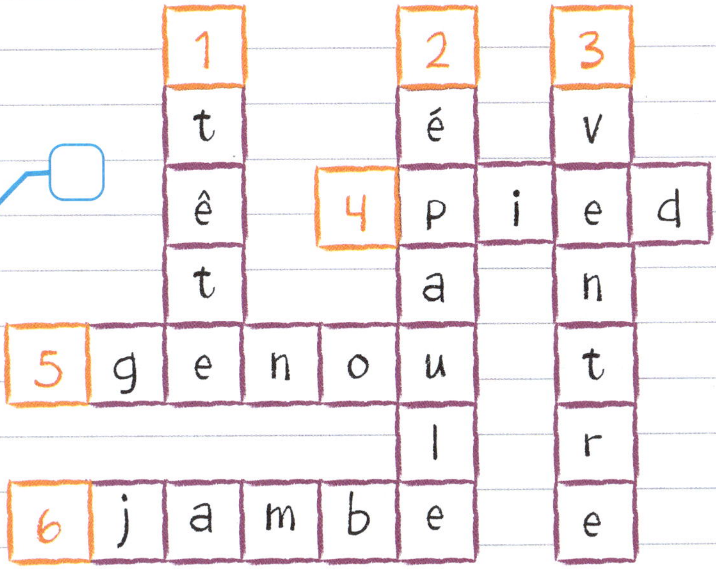

	1		2		3
	t		é		v
	ê	4	p	i	e	d
	t		a		n
5	g	e	n	o	u
			l		t
					r
6	j	a	m	b	e

b. Présente Marcel le Martien.

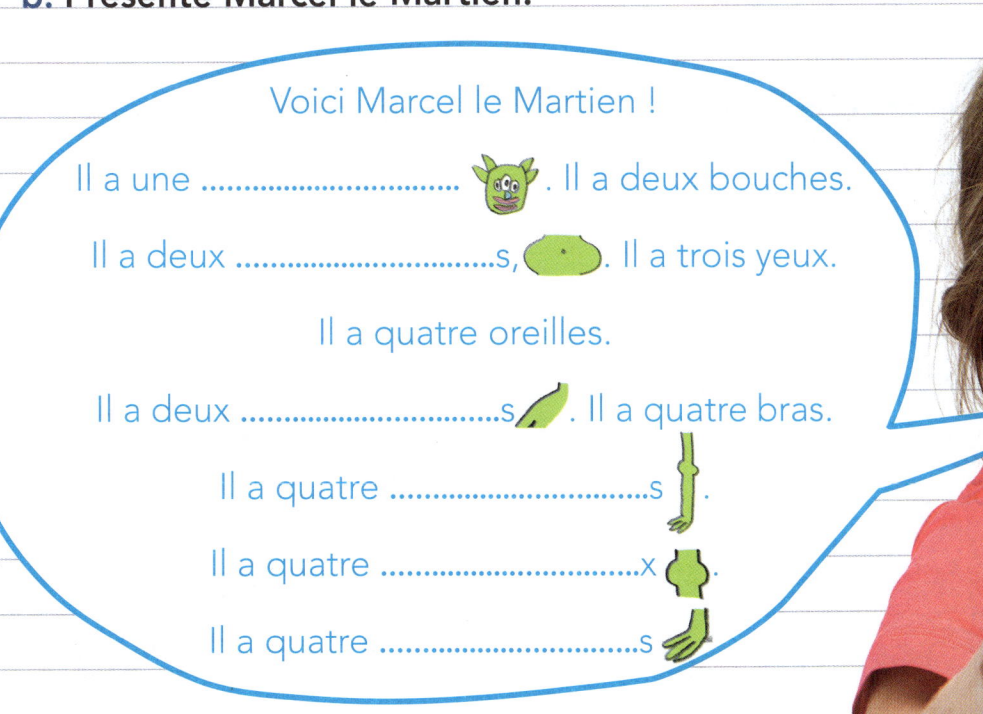

Voici Marcel le Martien !

Il a une .... Il a deux bouches.

Il a deux ....s, . Il a trois yeux.

Il a quatre oreilles.

Il a deux ....s . Il a quatre bras.

Il a quatre ....s .

Il a quatre ....x .

Il a quatre ....s .

Unité 4 • Leçon 5 — Tu as mal où ?

1 Écoute et entoure la partie du corps.

 **Joue avec tes autocollants**

2 Lis et colle les pansements autocollants page A au bon endroit.

Mon petit lapin a mal à l'oreille.

Mon petit lapin a mal au ventre.

Mon petit lapin a mal à la tête.

Complète les bulles de la bande dessinée.

à la tête – au ventre – au doigt – au doigt – je suis malade – à l'oreille

Unité 4

Je révise.

1 Observe et complète.

~~mon nez~~ – mes yeux – mes oreilles – mes mains – ma bouche

	Avec ...., je peux voir.	Avec mon nez, je peux sentir.	Avec ...., je peux toucher.	Avec ...., je peux manger.	Avec ...., je peux écouter.
	✗				
Bonjour !					

2 Complète les dominos avec des dessins et des mots.

| | la tête | | les lunettes | | .... | | .... |

| .... | | la bouche | | l'épaule | | l'œil | | .... |

Présente les pantins de Sofian et de Mona.

content – triste – fatigué – malade –
bruns – noirs – blonds – roux –
lunettes – moustache – boucle
d'oreille

contente – triste – fatiguée – malade –
pied – tête – genou – œil

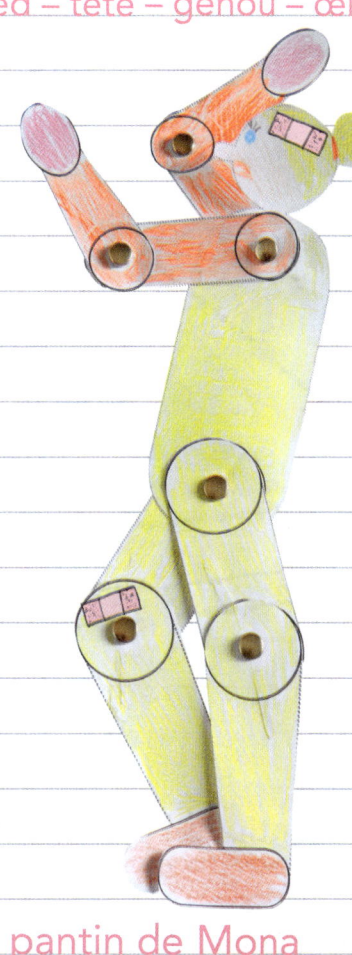

Le pantin de Mona

C'est une fille.
Elle est ....
Elle a mal à la ....
Elle a mal au ....
Elle n'a pas mal au ....
Elle n'a pas mal à l' ....

Le pantin de Sofian

C'est un garçon.
Il est ....
Il a des cheveux ....
Il a des ....
Il a une ....
Il a une ....

Colle ta coupe de champion.

Unité 5 : Bon appétit !  Leçon 1

Tu as tout pour pique-niquer ?

 Écoute et dessine.

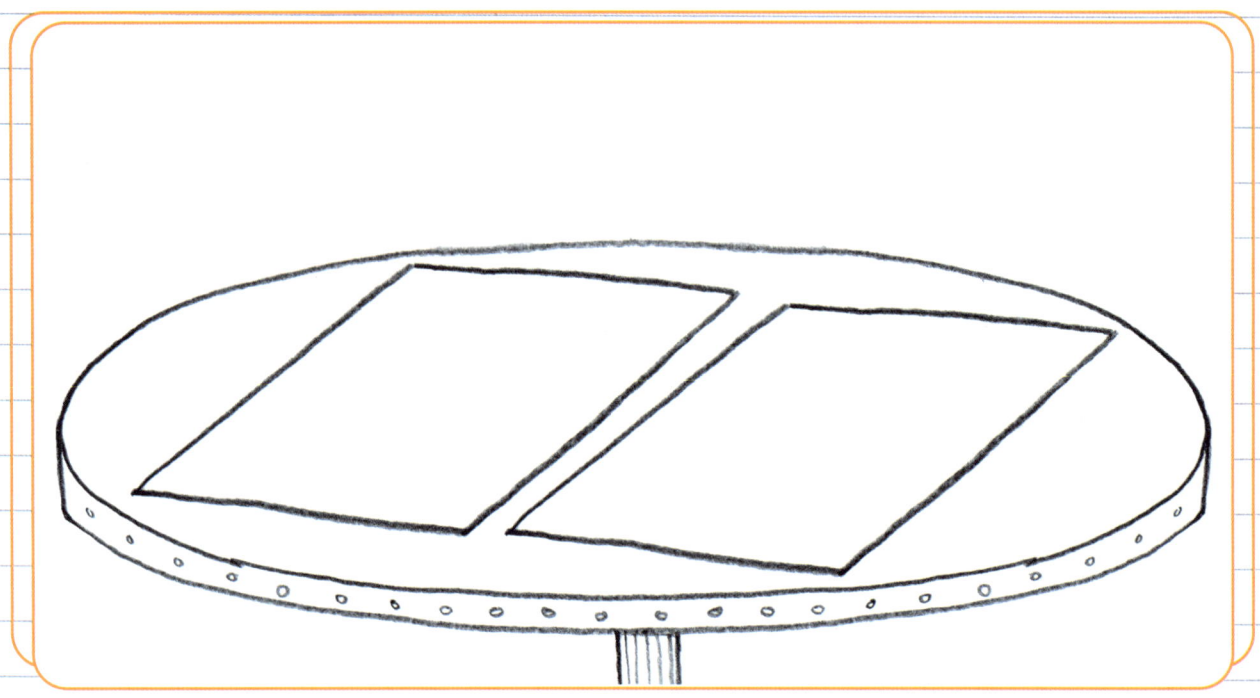

 Relie. Attention, il y a un intrus !

Monsieur Legrand a

Maggie donne

Alice met

Léo met

Madame Legrand coupe

 de la salade

 les tomates

 le pain

 les assiettes

 les fourchettes

 les verres

③ **Compte et complète : dessine et écris.**

.... couteaux ....

.... cuillères   .... œufs   .... poulet   neuf ....

Joue avec tes autocollants

④ **Complète le sandwich de grand-mère Colette avec les autocollants page B et présente le sandwich.**

Dans le sandwich de grand-mère Colette, il y a
des ....,
des ....,
de la ....,
et du ....

Unité 5 Leçon 2 — Tu aimes les fruits ?

1 🎧60 **a.** Écoute et barre le fruit qui est en trop.

🎧61 **b.** Écoute et entoure la ligne qui correspond à la chanson.

2 🎧62 Écoute et joue au loto des fruits.

Mode d'emploi :
But : Cacher tous les fruits de la grille.
Préparation : Découpe 10 morceaux de papier. Cache 3 fruits.
Le jeu : Écoute. Cache le fruit quand tu entends son nom.
Dix fruits cachés ? Dis : « J'ai gagné ! ».

3️⃣ **Écris les noms des fruits et relie les fruits à leur couleur.**

3 .... s •
2 .... s •
7 .... s •   • verts
10 .... s •   • jaunes
1 .... •   • rouges
5 .... s •   • orange
4 .... s •

4️⃣ **Complète le mot croisé.**

Unité 5 · Leçon 3

Tu as soif ?
Qu'est-ce que tu veux boire ?

Joue avec tes autocollants

1 🎧 63 Écoute et complète avec les autocollants page B.

2 Lis et relie.

- une tasse de café
- une bouteille d'eau
- une tasse de thé
- un verre de lait chaud
- un bol de chocolat chaud
- une bouteille de jus de pomme

a. Regarde le dessin, lis et coche le bon carnet.

2 bols
de chocolat chaud
2 verres de lait froid
1 jus de pomme
1 coca
☐

2 bols
de chocolat chaud
2 verres de lait froid
1 coca
1 jus de raisin
☐

2 bols
de chocolat chaud
1 verre de lait froid
1 coca
1 jus de pomme
☐

b. Lis et dessine ce qu'il y a sur le plateau du garçon.

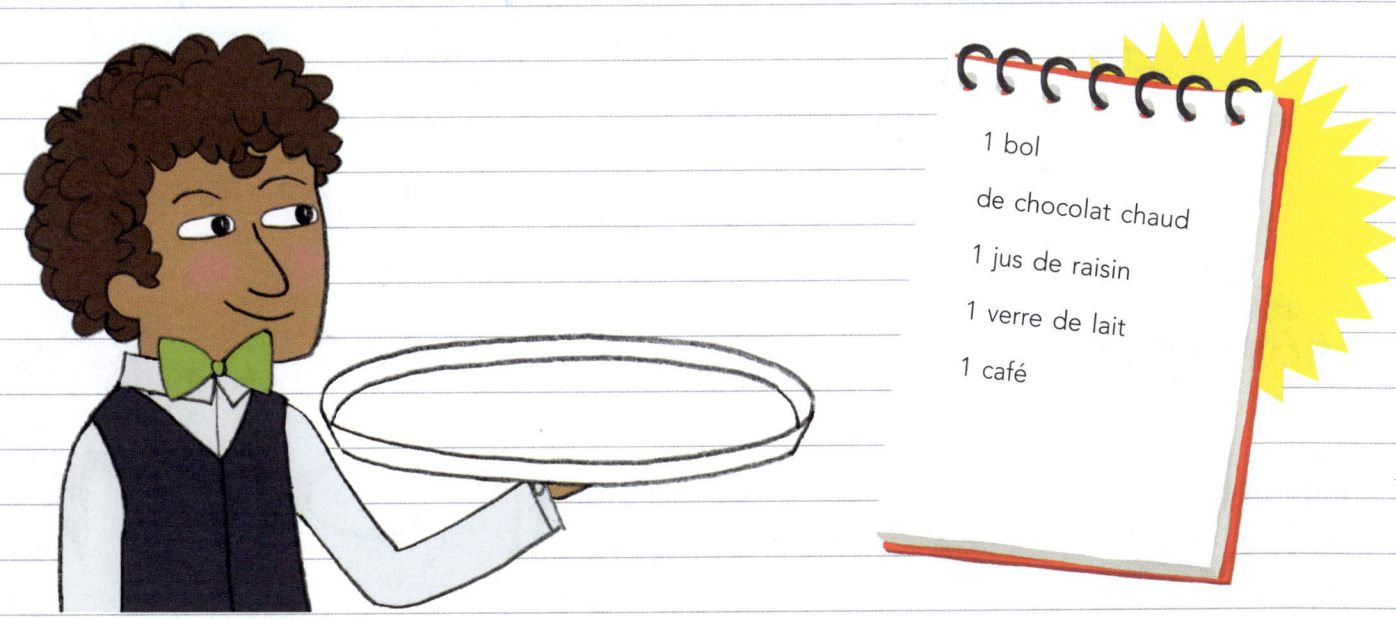

1 bol
de chocolat chaud
1 jus de raisin
1 verre de lait
1 café

Unité 5 • Leçon 4
Tu as faim ?
Qu'est-ce que tu veux manger ?

Joue avec tes autocollants

1. 🎧 64 Écoute et complète avec les autocollants page B.

② **Regarde le tableau et complète les phrases.**

	👧	👧	👦
du poisson	🙂	🙂🙂	☹️
des pâtes	🙂🙂	🙂	🙂🙂
de la viande	☹️	☹️	🙂
de la salade	🙂	🙂	🙂
des carottes	🙂	☹️	☹️
des frites	🙂	🙂🙂	🙂🙂
du riz	🙂	🙂🙂	🙂

1. Alice et Léo n'aiment pas manger **des carottes**.
2. Maggie, Alice et Léo aiment manger ....,
................................, ..., ...
3. Alice préfère manger ...., ..., ...
4. Maggie et Léo préfèrent manger ....

5. Alice et Léo préfèrent manger ....

③ **Dessine et écris ce que tu veux manger.**

Moi, je veux manger :

....
....
....
....
....

Unité 5 • Leçon 5 — Tu préfères le salé ou le sucré ?

1 🎧 65 Écoute, dessine ou barre. Légende : Sucre ● / Sel ●

2 Complète les ensembles avec des aliments de ton pays.

des pop-corn

des frites

un yaourt

3. Lis et complète : sel ou sucre ?

1. Les frites, c'est bon avec du ....
2. Les fraises, c'est bon avec du ....
3. Les tomates, c'est bon avec du ....
4. Les œufs, c'est bon avec du ....
5. Le yaourt, c'est bon avec du ....

4. Et pour toi ? C'est bon comment ?

sans (0) / avec un peu de… (+) / avec beaucoup de… (++).

a. Complète le tableau.

	0 sel	+ sel	++ sel	0 sucre	+ sucre	++ sucre
des œufs						
un yaourt						
des tomates						
du poisson						
des pop-corn						

b. Écris.

Pour moi :
Les œufs, c'est bon ....
Le yaourt, c'est bon ....
Les tomates, c'est ....
Le poisson, ...
Les pop-corn, ...

Unité 5

Je révise.

 Écris les mots dans le bon panier.

le fromage, les tomates, l'eau, l'œuf, le poulet, les fraises, les pâtes, la viande, le raisin, le lait, la salade

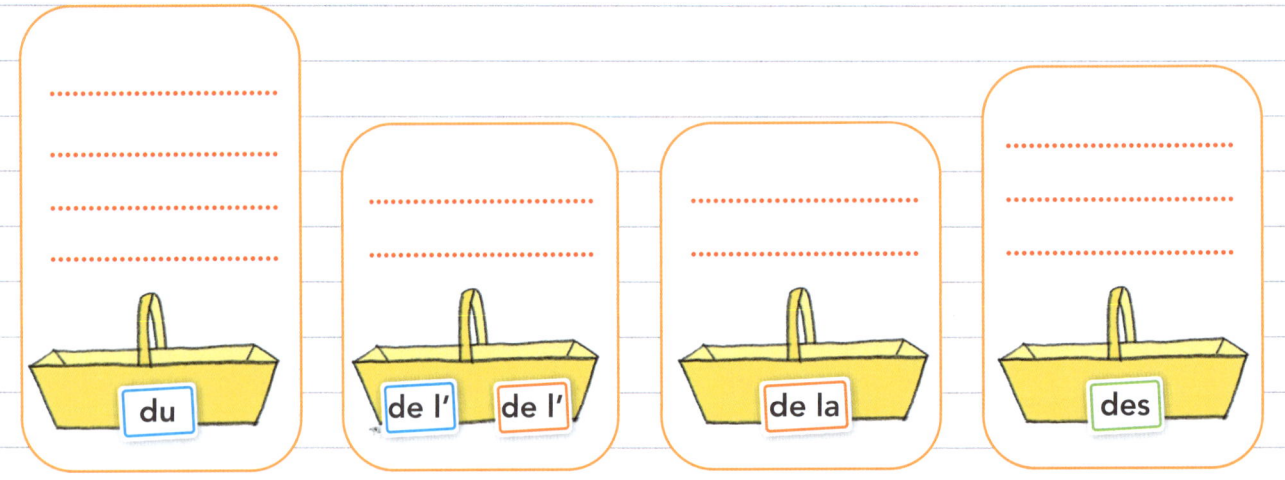

du — de l' — de l' — de la — des

 a. Supprime les « pr » et entoure le sandwich de Maggie.

Prprunprsandprprwichavecpr
prdesprprtoprprmatesduprprpouprprlet
pretprdesprprproeuprfs

b. Supprime les « pin » et entoure la boisson de Léo.

unpinpinjuspinpinpin
d'pinorpinpinanpinge

3 **Barre l'intrus.**

Exemple :

3.

1. t

4.  o

2.

5.

4 **Dessine cette drôle de recette.**

Le gâteau au fromage et aux frites !

1. Couper les frites en dés.

2. Mélanger les frites, le fromage blanc et le sel dans un grand saladier.

3. Tremper les bonbons dans le sirop de pomme.

4. Mettre les bonbons dans le plat.

5. Verser un peu du mélange frites et fromage blanc.

6. Ajouter des pommes.

7. Mettre au lit 1 heure.

Colle ta coupe de champion.

65

Unité 6 : Bientôt les vacances !

Qu'est-ce qu'il fait ?

1 Cherche les vêtements, compte et entoure.

 🧦	0	1	2	3	4	5	6	7	8	9	**(10)**
 👟	0	1	2	3	4	5	6	7	8	9	10
 👕	0	1	2	3	4	5	6	7	8	9	10
 🧥	0	1	2	3	4	5	6	7	8	9	10
 🎩	0	1	2	3	4	5	6	7	8	9	10
 👖	0	1	2	3	4	5	6	7	8	9	10
 🧢	0	1	2	3	4	5	6	7	8	9	10

2 🎧 Écoute et réponds.

Lis et relie.

- un tee-shirt
- une veste
- un pantalon
- une casquette
- des baskets
- des chaussettes

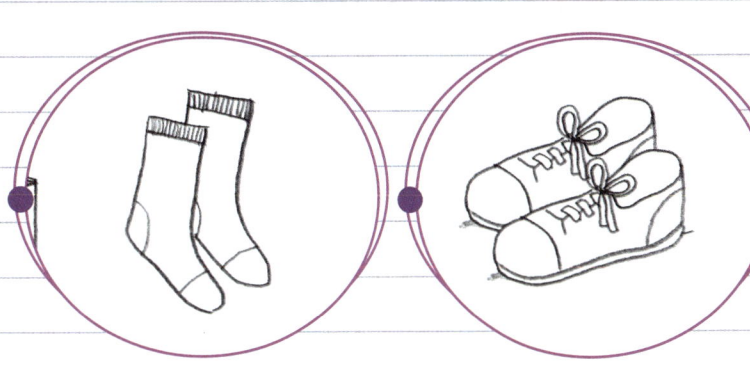
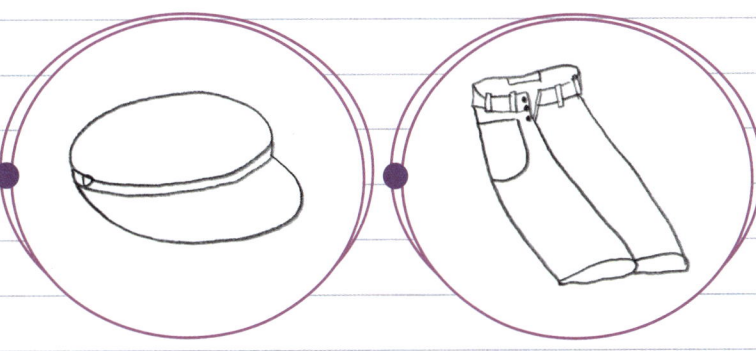
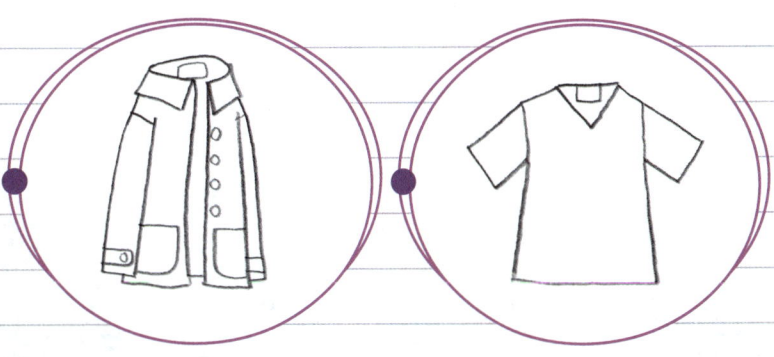

 Complète.

Alice a :

.... marron
.... jaune
.... blanches
.... bleues
.... orange
.... rouge

Unité 6 — Leçon 2 — Quel temps fait-il ?

1 🎧 67 Écoute et réponds vrai ou faux.

Lundi ☀️ →	Vendredi 🌨️ → ....
Mardi ⛈️ →	Samedi 🍃 → ....
Mercredi ☀️ →	Dimanche 🌧️ → ....
Jeudi ☁️ →	

2 Lis et complète les dessins.

À la campagne, il y a du vent.

Dans le jardin, il y a des nuages.

À la montagne, il y a de l'orage.

À Paris, il y a du soleil.

Dans le bois, il neige.

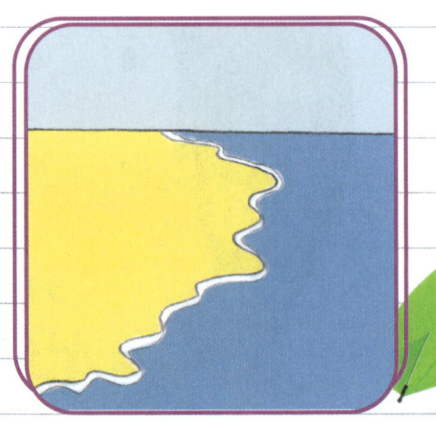
À la mer, il pleut.

3 Écris la poésie avec ou sans les autocollants page C.

....

....

....

Plic ploc
Il pleut.
Plic ploc

....

Monsieur et madame Legrand sont dans leur maison.
Léo marche sous son parapluie.

....

....

4 Réponds et dessine.

Il fait quel temps aujourd'hui ?

Aujourd'hui, ...
....

Unité 6 • Leçon 3 — Qu'est-ce qu'elle fait ?

1 Écoute et colorie.

2 Trouve les mots et colorie les étiquettes.

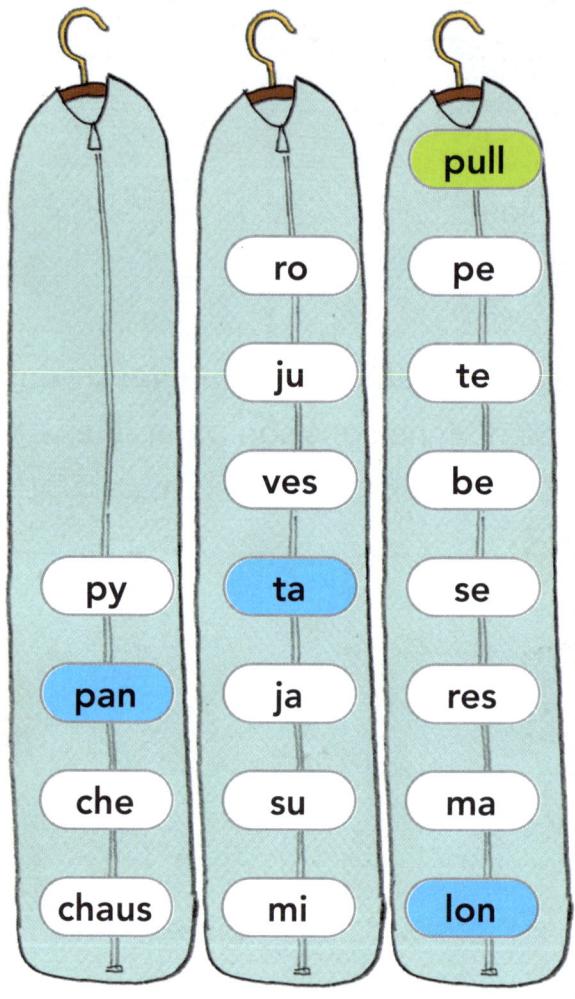

3 Recopie les mots.

un ....

une ....
une ....
une ....

un pantalon
un ....
une ....
des ....

Complète les bulles de la bande dessinée : mon pull – ma jupe – ma chemise – ma robe – mes chaussures – ~~mon pyjama~~

Unité 6 — Leçon 4 : Tu voyages comment ?

1 Écoute et relie.

 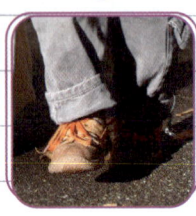    

2 Trouve et recopie les mots.

A	B	A	T	E	A	U
B	C	D	E	F	T	A
G	P	I	E	D	R	V
H	V	I	J	K	A	I
L	É	M	N	O	I	O
P	L	Q	R	S	N	N
V	O	I	T	U	R	E

a. J'aime voyager **en** :

....

....

....

b. J'aime voyager **à** :

....

....

③ **Mets les mots dans l'ordre pour faire des phrases.**

en voiture.   va   va   Colette   à vélo.   va

Grand-père   en ville   à pied.   Alice

à la mer   Pierre   Grand-mère   à l'école

....
....
....

④ **Réponds et dessine.**

Tu préfères voyager comment ?

....
....

Unité 6 • Leçon 5

Tu aimes les fêtes foraines ?

1 Écoute et colorie.

2 🎧 Écoute et relie. Qu'est-ce que c'est ?

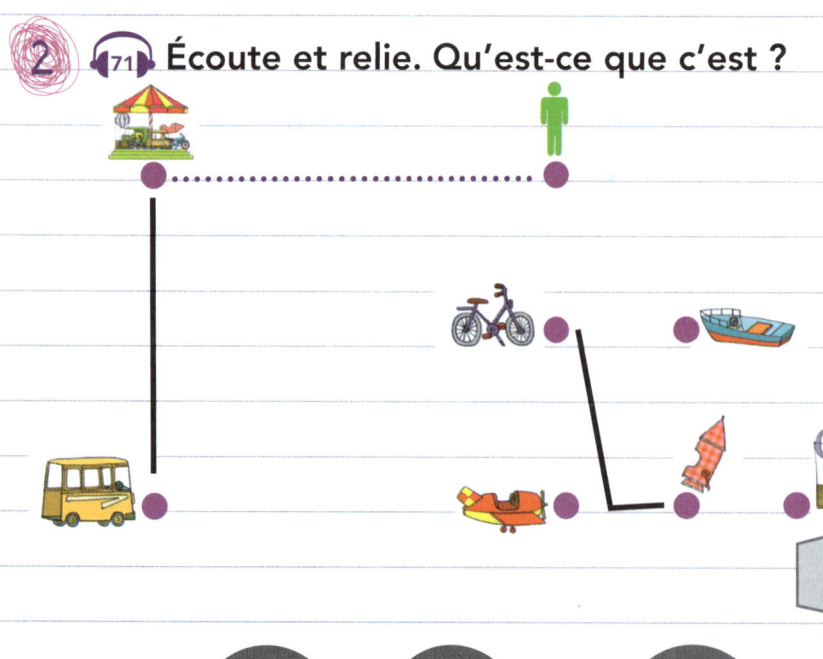

Joue avec tes autocollants

3 a. **Lis et complète avec les autocollants page C.**

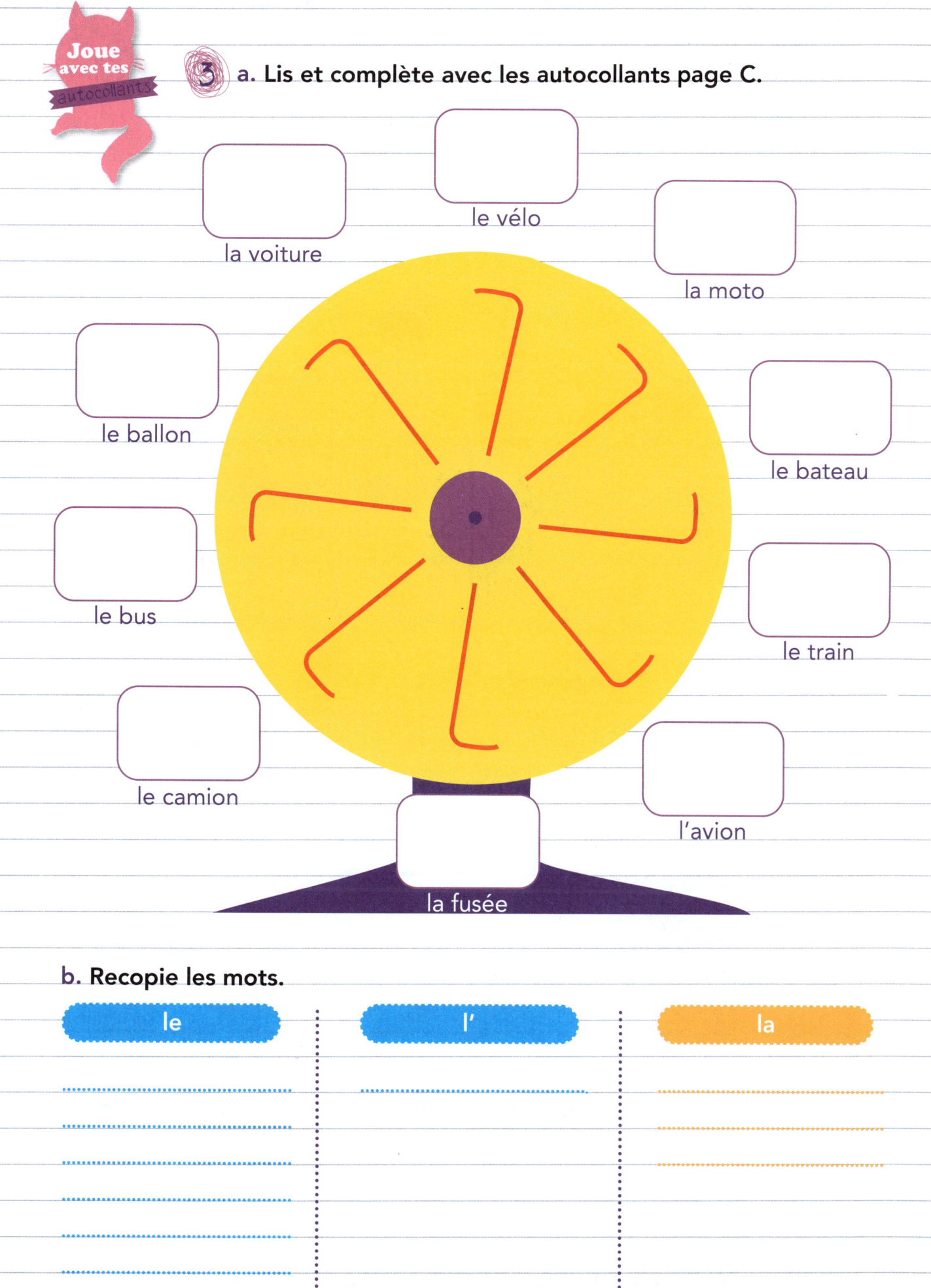

b. Recopie les mots.

le	l'	la

Unité 6

Je révise.

1 Écoute Léo et entoure les mots que tu reconnais.

2 Lis les questions et colorie les réponses de la même couleur.

Quel temps fait-il ?
Qu'est-ce que tu mets ?
Tu voyages comment ?

à vélo	Il y a de l'orage.	une veste	à moto	Il neige.	un pyjama
en bateau	des chaussettes	en voiture	une robe	à pied	une chemise
Il pleut.	Il y a du vent.	une casquette	un tee-shirt	en train	des chaussures
en bus	une jupe	un chapeau	en avion	en fusée	Il y a des nuages.

Pour décrire le carrousel d'…, réponds aux questions.

Quel temps fait-il ?
Qu'est-ce qu'il y a sur le carrousel d'… ?
Qui est devant le carrousel ?
Quels sont ses vêtements ?

Il fait ....
Sur le carrousel d'..........................., il y a ....
et ....
.... est devant le carrousel.
Elle a ....
....

Colle ta coupe de champion.

DELF

Épreuve de préparation au DELF Prim A1.1

 Compréhension de l'oral - 15 mn.

EXERCICE 1   8 POINTS

Regarde les dessins.
Écoute les petits dialogues et entoure le bon dessin,
comme dans l'exemple.

Exemple :

Tu entends :

Dialogue 1
– Tu as des frères et des sœurs, Niki ?
– Oui, j'ai un frère et une sœur.
– Un frère et une sœur ?
– Oui, c'est ça.
Niki a combien de frères et de sœurs ?

Écoute encore.

Dialogue 1
– Tu as des frères et des sœurs, Niki ?
– Oui, j'ai un frère et une sœur.
– Un frère et une sœur ?
– Oui, c'est ça.
– Niki a combien de frères et de sœurs ?

Tu entoures le dessin n° 2.

Pour une préparation complémentaire au DELF PRIM, consultez l'ouvrage *Préparation à l'examen du DELF PRIM A1.1*
(Maud Launay et Roselyne Marty, conceptrices de l'examen officiel du Ministère de l'Éducation Nationale).

Attention, nous commençons ! Écoute bien.

Dialogue 2

Dialogue 3

Dialogue 4

 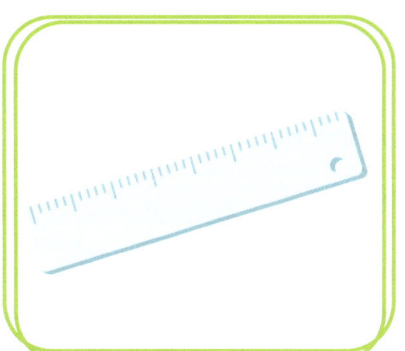 

Dialogue 5

EXERCICE 2 **8 POINTS**

Regarde les dessins. Écoute les messages et écris le numéro du message sous le dessin correspondant.

Attention, nous commençons ! Écoute bien.

Message n°......................

Message n°......................

Message n°......................

Message n°......................

EXERCICE 3 9 POINTS

Regarde les dessins. Écoute les dialogues et entoure les bons dessins.

Attention, nous commençons ! Écoute bien.

Dialogue 1

Dialogue 2

Dialogue 3

Compréhension des écrits - 15 mn.

EXERCICE 1 4 POINTS

Vive l'école ! Mets dans ton cartable :

des livres

des règles

des ciseaux

des gommes

 Entoure les quatre objets à mettre dans ton cartable.

 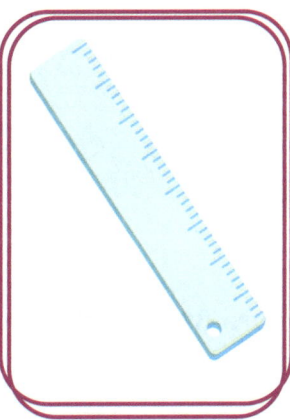  

83

EXERCICE 2   **6 POINTS**

Lis le document et réponds aux questions.

1. C'est un livre qui parle de…

○ peinture   ○ météo   ○ recettes   ○ chansons

2. Le livre est écrit pour :

☐ les professeurs   ☐ les fruits

☐ les mamans   ☐ les enfants

3. Écris l'âge des enfants qui peuvent lire le livre *Mmm ! c'est bon !*

....

EXERCICE 3 15 POINTS

Relie les phrases à la carte météo de la France.

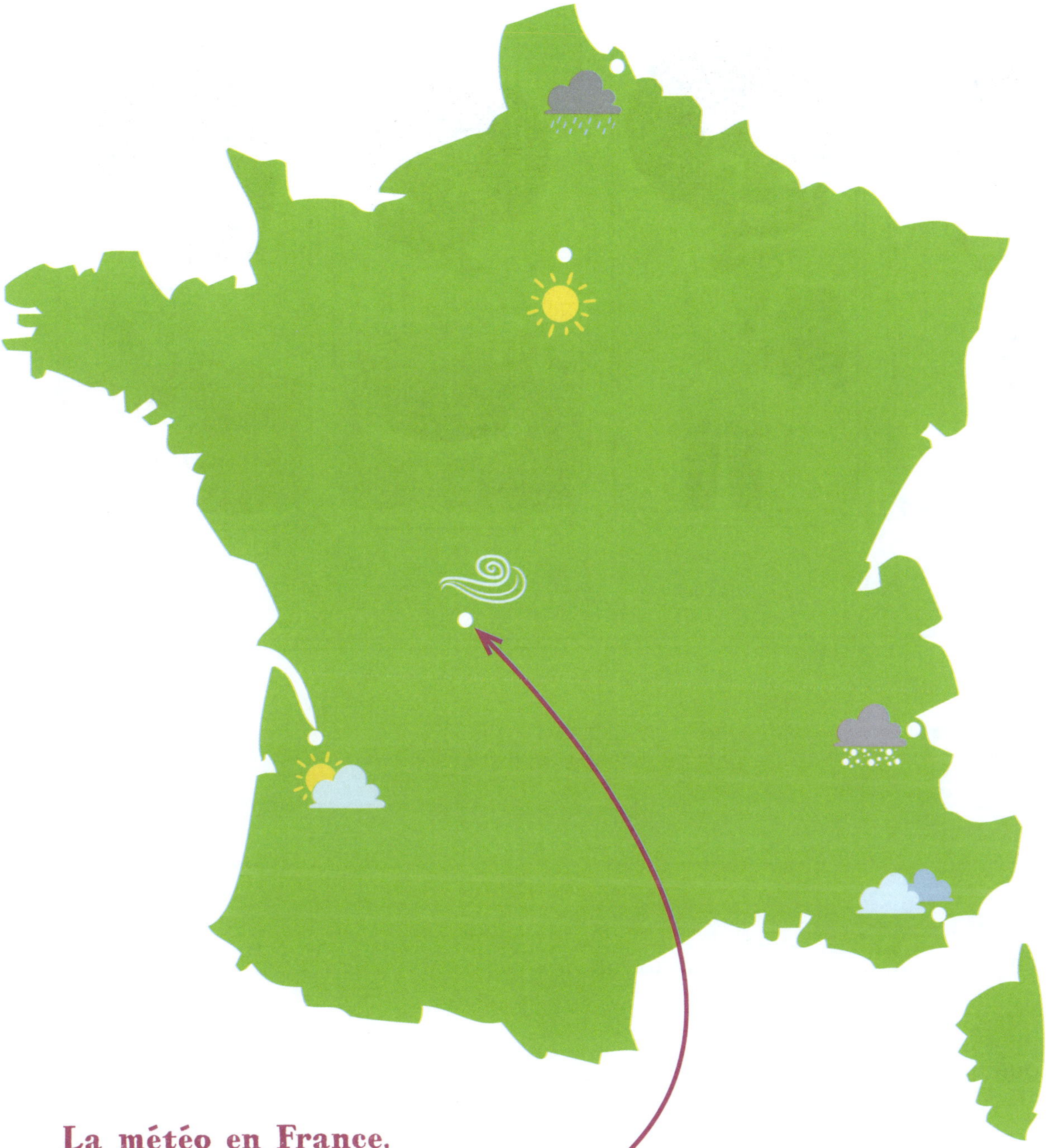

La météo en France.

Il y a du soleil à Paris.
Il pleut à Lille.
Il y a du vent à Limoges.
Il neige à Briançon.
Il y a des nuages à Cannes.
Il y a du soleil et des nuages à Bordeaux.

Production écrite - 15 mn.

EXERCICE 1 7 POINTS

Regarde les dessins et complète la fiche de présentation de Nikou.

Prénom : ....

Âge : ....

Animal : ....

Couleur préférée : ....

Jeu préféré : ....

EXERCICE 2 8 POINTS

 Complète la carte postale de Nikou. Remplace les dessins par des mots, comme dans l'exemple.

J' ♥ → aime

Salut !

Je suis en vacances.

Je suis content.

J' ♥ aime la 🌊 ....

Je suis avec ma 👵 ....

et mon 👦 ....

J'habite dans une petite 🏠 ....

Il y a beaucoup de 🐟 ....

dans l'eau.

Il y a beaucoup de ☀️ ....

J'ai une belle 🧢 ....

Je fais beaucoup de 🚲 ....

Et toi ? Comment ça va ?

Au revoir,

Nikou

Léo Legrand

4, rue de Lima

75 018 Paris

EXERCICE 3   **10 POINTS**

Ton ami Nikou vient en vacances dans ta famille. Écris un message à Nikou.
Il doit prendre cinq choses pour aller chez toi. Choisis pour Nikou. Aide-toi des dessins.

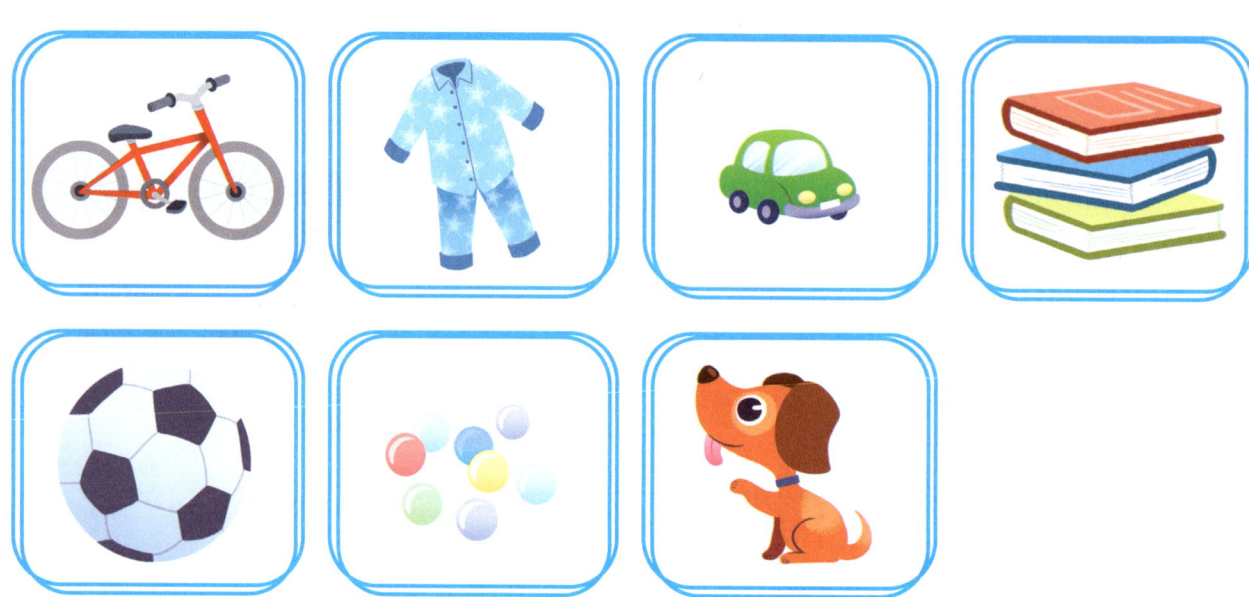

....

Tu viens en vacances dans ma famille ? Super !

Prends avec toi :

– ....

– ....

– ....

– ....

– ....

....

                         ....

CHANSONS

Mes chansons et mes poésies

Je te dis « bonjour »
Je te dis « bonjour ».
Tu me dis « bonjour ».
On se dit « bonjour et bonne journée ».

Je te dis « au revoir ».
Tu me dis « au revoir ».
On se dit « au revoir et à bientôt ».

1, 2, 3
1, 2, 3 je vais dans les bois.
1, 2, 3 je vais dans les bois.
4, 5, 6 cueillir des cerises.
4, 5, 6 cueillir des cerises.
7, 8, 9 dans mon panier neuf.
7, 8, 9 dans mon panier neuf.
10, 11, 12 elles seront toutes rouges.
10, 11, 12 elles seront toutes rouges.

Ma toupie
Bleu, jaune, vert ma toupie.
Elle tourne, elle tourne.
Bleu, jaune, vert ma toupie.
　Elle tourne. C'est très joli.

　Bleu, rouge, violet ma toupie.
　Elle tourne, elle tourne.
　Bleu, rouge, violet ma toupie.
　Elle tourne. C'est très joli.

　Jaune, rouge, orange ma toupie.
　Elle tourne, elle tourne.
　Jaune, rouge, orange ma toupie.
　Elle tourne, elle tourne. Elle tourne et c'est fini.

S'il te plaît
S'il te plaît mon amie Alice,
Prête-moi ! Prête-moi !
Des ciseaux, un taille-crayon,
Une gomme et un crayon.
J'ai oublié ma trousse et mon cartable.
Merci, mon amie. Tu es formidable !

Mes petites mains
Mes petites mains dessinent, dessinent
Elles dessinent en haut, elles dessinent en bas
Elles dessinent à gauche, elles dessinent à droite.

Mes petites mains gomment, gomment
Elles gomment en haut, elles gomment en bas
Elles gomment à gauche, elles gomment à droite.

Mes petites mains taillent, taillent
Elles taillent en haut, elles taillent en bas
Elles taillent à gauche, elles taillent à droite.

Mes petites mains peignent, peignent
Elles peignent en haut, elles peignent en bas
Elles peignent à gauche, elles peignent à droite.

Mes petites mains découpent, découpent
Elles découpent en haut, elles découpent en bas
Elles découpent à gauche, elles découpent à droite.

Mes petites mains collent, collent
Elles collent en haut, elles collent en bas
Elles collent à gauche, elles collent à droite.

Mes petites mains écrivent, écrivent
Elles écrivent en haut, elles écrivent en bas
Elles écrivent à gauche, elles écrivent à droite.

Mes petites mains donnent, donnent
Elles donnent en haut, elles donnent en bas
Elles donnent à gauche, elles donnent à droite.

L'alphabet
A B C D E F G
H I J K L M N O P
Q R S T U V W
X Y Z
C'est l'alphabet !
Moi je connais l'alphabet !

Tut ! Tut !
Une petite voiture roule à toute allure
Mmmmmmmmmmmmmmmm
Paf ! Dans un grand mur.
Oh, plus de petite voiture !
Une grande voiture roule à toute allure
Mmmmmmmmmmmmmmmm
Paf ! Dans un petit mur.
Oh, plus de petit mur !

Quand Fanny était un bébé
Quand Fanny était un bébé, un bébé, un bébé
Quand Fanny était un bébé
Elle faisait comme ça :
– Areuh ! Areuh ! Areuh !
Quand Fanny était une petite fille, une petite fille, une petite fille
Quand Fanny était une petite fille
Elle faisait comme ça :
– Nananananère !
Quand Fanny était une jeune fille, une jeune fille, une jeune fille,
Quand Fanny était une jeune fille
Elle faisait comme ça :
 – Ah, que je suis belle !
Quand Fanny était une maman, une maman, une maman
Quand Fanny était une maman
Elle faisait comme ça :
– Chut, mon bébé dort !
Quand Fanny était une grand-mère, une grand-mère, une grand-mère
Quand Fanny était une grand-mère
Elle faisait comme ça :
– Ah, j'ai mal au dos !
Quand Fanny était un squelette, un squelette, un squelette
Quand Fanny était un squelette
Elle faisait comme ça :
– Je claque des doigts !

La famille tortue
Jamais on n'a vu
Jamais on ne verra
La famille tortue
Courir après les rats
Le papa tortue
Et la maman tortue
Et les enfants tortue
Iront toujours au pas

Qui a un chapeau ?
Qui a un chapeau ?
C'est mon ami Mario.
Qui a des lunettes ?
C'est grand-mère Lisette.
Qui a une moustache ?
C'est grand-père Eustache.
Qui a des boucles d'oreilles ?
C'est la petite Mireille.

Qui a une barbe ?
Ce n'est pas papa !
Il n'en a pas !
C'est ma copine Maria
Qui a une barbe
Une barbe à papa
Ça va de soi !

Tête, épaules et genoux pieds
Tête, épaules et genoux pieds, genoux pieds
Tête, épaules et genoux pieds, genoux pieds
J'ai deux yeux, deux oreilles une bouche et un nez
Tête, épaules et genoux pieds, genoux pieds

Pomme, pêche, poire, abricot
Pomme, pêche, poire, abricot
y en a une, y en a une
pomme, pêche, poire, abricot
y en a une de trop
C'est l'abricot qui est en trop.

Pomme, pêche, poire
y en a une, y en a une
pomme, pêche, poire
y en a une de trop

Pomme, pêche
y en a une, y en a une
pomme, pêche
y en a une de trop

pomme
y en a une, y en a une
pomme
y en a une de trop

C'est la pomme qui est en trop !

Bon appétit
bon a bon a (bon a)
ppétit
merci merci (merci)
beaucoup
de rien de rien (de rien)
du tout
mangez mangez (mangez)
beaucoup
beaucoup beaucoup (beaucoup)
de tout

Promenons-nous dans les bois

Promenons-nous dans les bois,
Pendant que le loup n'y est pas.
Si le loup y était,
Il nous mangerait.
Mais comme il n'y est pas,
Il nous mangera pas.
– Loup y es-tu ?
– Oui !
– Entends-tu ?
– Oui !
– Que fais-tu ?
– Je mets mon pantalon bleu.
– Tu mets ton pantalon bleu ?
– Oui, il met son pantalon bleu !

Je mets mon tee-shirt violet.
Je mets mes chaussettes rouges.
Je mets mes baskets blanches.
Je mets ma veste marron.
Je mets ma casquette verte
Je suis prêt, je sors !
AHHHHHHHHHH !

Plic Ploc

Il y a du soleil.
Il y a des nuages.
Il y a de l'orage.
Plic Ploc
Il pleut.
Plic Ploc
Il pleut.
Monsieur et Madame Legrand sont dans leur maison.
Léo marche sous son parapluie.
Il pleut sur la campagne.
Il neige sur la montagne.

Le carrousel

Nous tournons, tournons en rond
Moi, dans mon petit avion
En avion, en avion
Nous tournons, tournons en rond.

Toi, tu roules à toute allure
Dans ta belle, ta belle voiture
En voiture, en voiture
Toi, tu roules à toute allure.

Nous tournons, tournons en rond
Lui, dans son petit camion
En camion, en camion
Nous tournons, tournons en rond.

Elle, elle dépasse la moto
Sur son beau, son beau vélo
À vélo, à vélo
Elle, elle dépasse la moto.

Nous tournons, tournons en rond
Moi, dans mon petit ballon
En ballon, en ballon
Nous tournons, tournons en rond.

Toi, tu voudrais décoller
Dans ta belle, ta belle fusée
En fusée, en fusée
Toi, tu voudrais décoller !

Oh non !!! C'est fini.

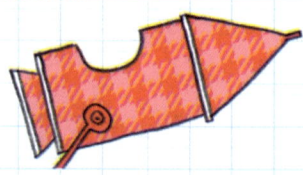

La Chandeleur
C'est la Chandeleur !
Quel bonheur !
Toute la famille autour
Chacun son tour
Lançons les crêpes dans le ciel !
Les crêpes en forme de soleil !

Vive le vent
Vive le vent, vive le vent
Vive le vent d'hiver
Qui s'en va sifflant, soufflant
Dans les grands sapins verts...
Oh ! Vive le temps, vive le temps
Vive le temps d'hiver
Boule de neige et jour de l'an
Et bonne année grand-mère...

Dans ton dos
Dans ton dos, dans ton dos
Qu'est-ce qu'il y a ? Qu'est-ce qu'il y a ?
Dans mon dos, dans mon dos
Je ne sais pas ! Je ne vois pas !

C'est un poisson chat !
Chat chat chat
Danse au bout du fil
Beau poisson d'avril.

C'est un poisson-scie !
Scie scie scie
Saute au bout du fil
Beau poisson d'avril.

C'est un poisson-clown !
Clown clown clown
Vole au bout du fil
Beau poisson d'avril.

Hi ! Hi !

TABLEAU DES CONTENUS

UNITÉS ET LEÇONS

Unité 4 – En forme ?
1. Comment est ton visage ? J'ai un nez, une bouche, deux yeux, deux oreilles et des cheveux.
2. Tu peux te décrire ? J'ai des cheveux blonds… J'ai des lunettes… Je n'ai pas de moustache…
3. Tu te sens comment aujourd'hui ? Je n'ai pas peur. Je ne suis pas triste. Je suis content…
4. Tu bouges ? Je mets mes mains en avant, je tourne ma tête… Je plie mes jambes et je saute.
5. Tu as mal où ? Je n'ai pas mal à la tête. J'ai mal au doigt.

FAITS CULTURELS
Une chanson traditionnelle :
Tête, épaules et genoux, pieds
Un type de texte :
La bande dessinée

COMMUNICATION
Nommer les parties du visage
Identifier des accessoires, des signes particuliers
Exprimer ses émotions
Nommer les parties du corps
Dire où il a mal

PETITS DOCS – PROJETS
Petit doc Les 5 sens
Projet Le pantin d'Aïcha
> Présenter son pantin

Remue-méninges : Rose-bonbon et les 5 monstres

Unité 5 – Bon appétit !
1. Tu as tout pour pique-niquer ? J'ai tout : un couteau, une fourchette, un verre, une assiette…
2. Tu aimes les fruits ? Oui, j'aime les fruits : les pommes, les pêches, les poires et les abricots.
3. Tu as soif ? Qu'est-ce que tu veux boire ? J'ai soif. Je voudrais boire de l'eau, un jus d'orange…
4. Tu as faim ? Qu'est-ce que tu veux manger ? J'ai faim. Je voudrais manger des frites et du poulet…
5. Tu préfères le salé ou le sucré ? Je préfère le sucré. Je n'aime pas beaucoup le salé.

FAITS CULTURELS
Le pique-nique
Une chanson traditionnelle :
Pomme, pêche, poire, abricot
Une recette française : le gâteau au fromage blanc et aux fruits

COMMUNICATION
Nommer différents ustensiles de cuisine et quelques aliments
Nommer quelques fruits
Nommer quelques boissons, dire s'il a soif
Nommer quelques aliments, dire s'il a faim
Émettre un goût, une opinion, une préférence

PETITS DOCS – PROJETS
Petit doc Recette : le gâteau au fromage blanc et aux fruits de Maty
Projet Le gâteau au fromage blanc et aux fruits de Maty
> Présenter une recette

Unité 6 – Bientôt les vacances !
1. Qu'est-ce que tu fais ? Je mets mon pantalon, mon tee-shirt, mes chaussettes, mes baskets…
2. Quel temps fait-il ? Il y a du soleil. Il y a du vent. Il pleut. Il y a de l'orage. Il neige.
3. Qu'est-ce qu'elle fait ? Elle enlève son pyjama. Elle met sa chemise, sa robe, sa jupe, son pull…
4. Tu voyages comment ? Je voyage à pied, à vélo, en voiture, en train, en bateau, en avion.
5. Tu aimes les fêtes foraines ? Oui, j'aime les fêtes foraines. J'aime le carrousel avec sa fusée…

FAITS CULTURELS
Une chanson traditionnelle :
Promenons-nous dans les bois
Un type de texte : La bande dessinée

COMMUNICATION
Nommer les actions liées à l'habillement
Exprimer le temps qu'il fait
Nommer des vêtements quotidiens
Nommer des moyens de transport
Exprimer ses goûts : C'est chouette !/C'est nul !

PETITS DOCS – PROJETS
Petit doc La carte météo de la France
Projet Le carrousel de William
> Présenter un carrousel

Remue-méninges : le Jeu de l'Oie des *Loustics*

Les fêtes
Le Nouvel An
Le poisson d'avril

Souhaiter une bonne année
Dire « Poisson d'avril ! »

Interdisciplinarité

● **Le monde des objets**
Unité 6 : les moyens de transport

● **Le monde du vivant**
Unité 4 : le corps, les illusions d'optique
Unité 5 : l'alimentation, le goût

● **Les pratiques artistiques**
Unité 4 : fabriquer un pantin de profil et le décorer
Unité 5 : réaliser une recette simple
Unité 6 : fabriquer un carrousel

● **L'instruction civique et morale**
Unité 5 : dresser la table ; apprendre à jouer ensemble

● **Le temps et l'espace**
Unité 6 : la carte météo de la France

● **Éducation physique et sportive**
Unité 4 : les mouvements

Unité 4 : En forme ?

p. 43

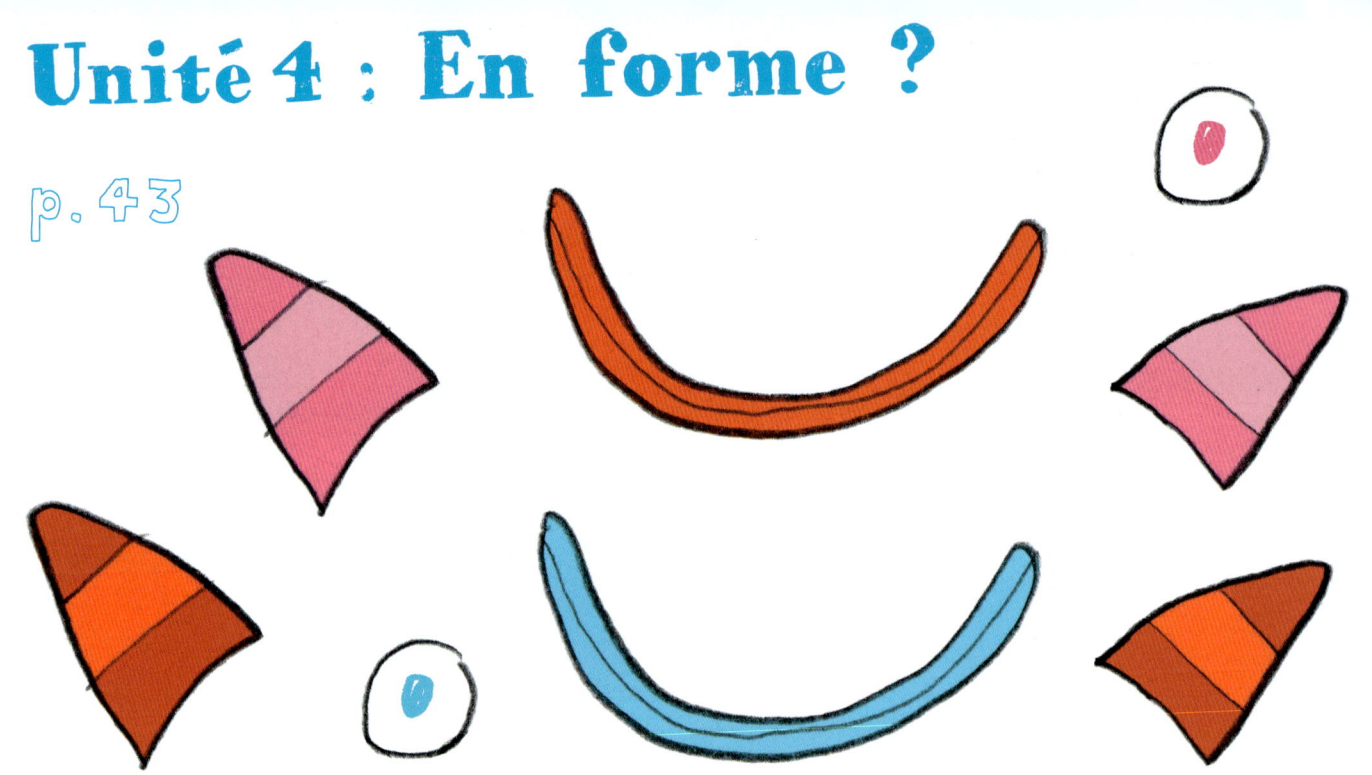

p. 46

p. 50

 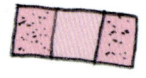 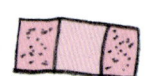

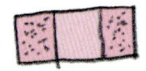

Ta coupe p. 53 !

A

Unité 6 : Bientôt les vacances !

p. 69

Il pleut sur la campagne.

Il y a de l'orage.

Il y a du soleil.

Il pleut.

Il neige sur la montagne.

Il y a des nuages.

p. 75

Ta coupe p. 77 !

c